KB262745

Get It Korean Grammar

이정희 | 김중섭 | 조현용 | Danielle O. Pyun | 김성용 | 박선희 | 조효정 | 이안나

Hawoo Publishing Inc.

머리말

　최근 한국어교육에서 가장 눈에 띄는 변화는 한국어 학습 수요 계층의 다양화라고 할 수 있습니다. 이러한 변화에 따라 다양한 학습자의 학습 목적과 요구에 따른 교재 개발이 필요하다고 생각하였고 학습자의 요구에 따라 언어 기능을 선택-집중하게 함으로써 학습자의 내적 동기를 강화하고 나아가 자기 주도적인 학습을 가능하게 하는 것을 목표로 이 교재를 개발하였습니다.

　한국어교육 현장에서 가장 널리 쓰이고 있는 기능(skills) 통합형 교재는 '말하기, 듣기, 읽기, 쓰기' 기능을 통합적으로 제시함으로써 효율적인 교수-학습을 유도하고 나아가 균형적이고 종합적인 언어 능력 발달을 이루는 것을 목표로 하고 있습니다. 그러나 실제 현장에서는 말하기와 듣기와 같은 구어 의사소통 능력을 지나치게 강조함으로써 읽기나 쓰기에는 충분한 시간을 할애하지 못하거나 읽기나 쓰기 기능은 말하기, 듣기 기능의 보조적인 기능으로서 인식되어 온 것이 사실입니다.

　한국어 기능 분리형 교재는 네 가지 언어 기능을 독립적으로 제시하여 학습자가 해당 언어 기능에 초점을 두고 언어가 사용되는 실제 환경에 몰입하여 해당 기능을 분명하게 이해하고 표현하는 데에 도움을 줄 것 입니다. 또한 학습자의 학습 목적과 요구에 따라 언어 기능을 선택하고 집중하게 함으로써 좀 더 효과적인 한국어 학습을 가능하게 할 것입니다. 교수자의 측면에서는 그간 통합 교재에서 소홀히 여겨진 각각의 언어 기능에 대한 전문화된 교수 능력을 제고하게 될 것이며 나아가 기능별 언어 교육 전문가를 양성함으로써 국내외 한국어 교육의 새로운 전환점이 될 것으로 기대합니다.

　초급 단계에서의 한국어 기능 분리 교재는 처음 시도되는 바, 부족하거나 목표한 바를 충분히 담아 내지 못한 경우도 있을 것입니다. 언어 기능 분리를 시도하였으나 각 기능 간 유기적인 연계를 확보하기 위해 노력하였고 난이도, 빈도 등을 고려하여 문법과 어휘를 배열하였습니다. 특히 국립국어원에서 발간한 『국제통용 한국어 교육 표준 모형』에 기반하여 언어의 요소와 의미·기능을 배치하여 한국어 교육의 표준적인 내용을 담아내고자 하였습니다. 또한 기능(functions)과 주제가 단순히 나열되는 것이 아니라 순환되는 구조를 가지되 중복을 피하고자 노력하였습니다. 그리고 학습자의 학습에 대한 동기와 흥미가 유지될 수 있도록 사진, 삽화 등을 배열하는 데에도 각별히 신경을 썼습니다.

　총 30권의 책을 만들어낸 집필진들의 노력이 학습자와 교수자 모두에게 실질적인 도움이 되기를 바랍니다.

교재 집필진 일동

Preface

In recent years, the most noticeable change in Korean education has been the diversification of Korean learners' needs. Following to this change, we thought it was necessary to develop textbooks reflecting the learning objectives and needs of these varied learners. This textbook has been developed with the aim of strengthening the learner's internal motivation and further enabling self-directed learning by selecting and focusing on language skills based on the learner's needs.

In the recent past, with the popularity of the communicative language teaching approach, Korean educators placed heavy emphasis on oral communication and somewhat neglected reading and writing skills. In these volumes, we aim to help learners develop four language skills in a balanced manner.

While we take an integrated approach to the four language skills, the materials are presented in separate language areas in order to shape our materials to our students' specific language needs. Learners lacking in any one of the language skill areas will be able to focus their language study on the areas of their need. We tried to separate the language skills, but at the same time we tried to secure an organic link between each skill. Grammar and vocabulary are presented progressively based on frequency of use and the level of difficulty. The language elements, functions, and tasks are created in reference to the International Standard of Teaching Korean as a Foreign Language published by the National Institute of the Korean Language.

These functionally separated Korean language textbooks present four language skills independently to help learners focus on the language skill and immerse themselves in the authentic environment in which the language is spoken. This helps learners clearly understand and use the skills presented. It will also enable more effective Korean learning by selecting and focusing on language skills based on learners' objectives and needs. From the teachers' perspective, we expect to improve specialized teaching ability for each language skill, which has been neglected in the integrated textbook. Furthermore, it will create a new turning point in Korean language education at home and abroad by training language education experts in teaching each language skill.

On the cutting edge of KFL (Korean as a Foreign Language) education, we will continue to improve and adapt our materials in order to maintain our high standard of teaching the Korean language.

We hope that the authors' efforts to create a total of 30 books can help both learners and teachers improve their skills.

Sincerely,
The textbook authors

일러두기 How to Use This Book

이 책은 한국어 '문법' 1단계 교재이다. 이 책에서 다루고 있는 표현은 초급 단계 한국어 학습자가 한국어로 듣고 말하며, 쓰고 읽는 능력을 확장시키고 나아가 의사소통 상황에서 정확한 문장을 생성해 내는 데에 기초적이고 핵심적인 역할을 할 것이다.

이 책은 한국어 학습자의 기본적인 문장 생성 능력을 강화하고 문장 생성의 반복적인 연습을 통해 정확한 문장을 생성해 낼 수 있도록 하는 데에 중점을 두었다. 표현의 특징에 따라 문장 단위에서 담화 단위로 확장하여 제시함으로써 언어 사용 환경에 맞게 정확하고 유창한 한국어를 발화하고 표현할 수 있도록 하는 데에 주의를 기울였다.

이 책의 표현은 총 62개 항목으로 한국어 듣기, 말하기, 읽기, 쓰기의 주제 적합성을 고려하고 난이도와 빈도를 기준으로 선정하였다. 또한 표현 항목의 선정과 배열의 적절성을 검증하기 위해 『국제 통용 한국어 교육 표준 모형』의 초급 단계 문법 항목과의 비교·대조를 실시하였다.

As part of the *Get It Korean* series, this volume is a beginning-level textbook focusing on grammar. This volume is designed to help learners build a solid foundation of Korean structure and grammar on which learners can further expand their four language skills and communicative competence with both fluency and accuracy.

The focus in this volume is on strengthening learners' ability to create with the language through repetitive, yet purposeful, practice and modeling. Depending on their function and contexts of use, grammar points are presented through examples or communicative exchanges.

This volume presents a total of 62 expressions which were selected based on the frequency of use and the level of difficulty as well as their relevancy to the topics involved in the other four volumes of the Get It Korean series. The selection and sequence of expressions in this volume were also guided by the International Standard of Teaching Korean as a Foreign Language published by the National Institute of the Korean Language.

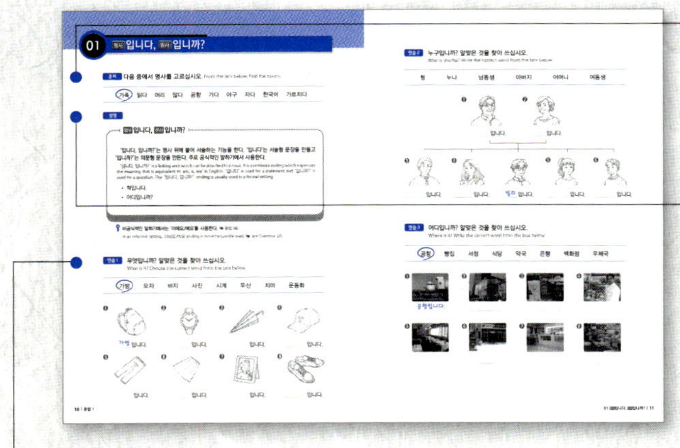

준비

'준비' 단계를 통해 본시 학습 전 해당 표현의 의미를 파악하는 데에 도움이 된다.

The preparation step is designed to assist students in grasping the meaning of the target expression.

설명

'설명' 단계를 통해 표현의 형태, 통사적 특징 그리고 의미, 화용적 특징을 이해하는 데에 도움이 된다.

The usage step assists learners in understanding the form, syntactical features, meaning and pragmatics of the target expression.

연습

'연습' 단계에서는 해당 문법 표현의 형태, 의미, 기능을 이해하고 나아가 문장과 담화 차원에서의 사용이 가능하도록 하였다.

The practice step is designed to help learners to understand the form, meaning, and function of the target expression and enables them to use it appropriately at the sentence and discourse level.

'준비-설명-연습'의 전 단계를 통해 문법의 이해 능력과 사용 능력을 동시에 향상시키는 데에 도움이 된다.

The 'preparation, usage and practice' steps help learners to progress in both grammatical understanding and the ability to use the grammar.

이 책은 한국어 학습자의 문법 학습서이자 교실 수업용 교재로 개발되기는 하였으나 교사의 도움 없이도 학습이 가능하도록 개별 학습, 협동 학습 등 문법의 성격에 따라 다양한 활동을 제공하였다. 따라서 학습자의 학습 환경과 성격에 따라 선택적인 학습이 가능하다.

While this book was designed for use in a classroom situation, it can be used independently with little or no help from a teacher. To this end both individual and cooperative exercises are included in accordance with the features of each given grammar item. Therefore, this book can be used to fit any given study setting.

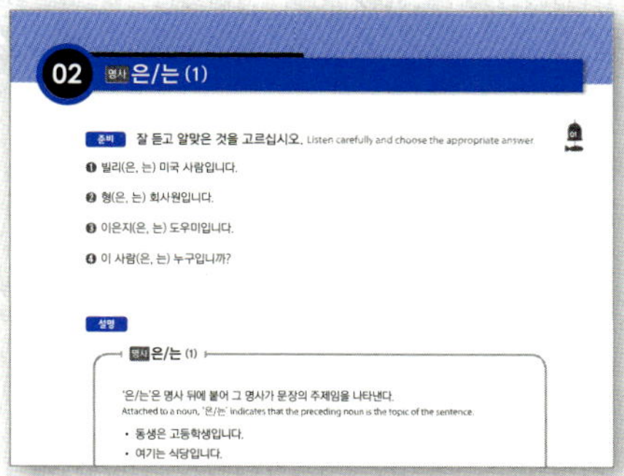

개별 문법 항목에 번호를 달아 문법의 난이도와 빈도 등의 문법 배열 순서를 확인할 수 있도록 하였다. 또한 문법의 결합 정보에 회색 음영을 처리하여 학습자가 정확하게 결합 환경을 인지할 수 있도록 하였다.

Grammar items are arranged in sequence according to the level of difficulty and frequency of use. Also, the grammar's combinatorial information is shaded in gray making it easy for students to recognize.

🔔 종을 이미지화한 듣기 아이콘으로 문법의 특성에 따라 듣는 연습을 제시하였다.

The bell image is the listening icon. As needed, some grammar items are presented with listening practice.

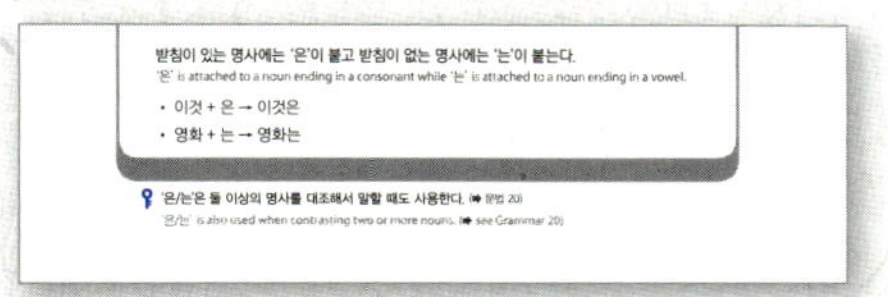

🔑 열쇠를 이미지화한 문법 추가 설명 아이콘으로 해당 문법과 유사하거나 추가적으로 설명될 필요가 있는 의미, 사용 환경 등을 제시하였다.

The key image indicates additional explanation of the target grammar. This includes similar grammar items, more detailed explanation regarding meaning, and the contexts of its use.

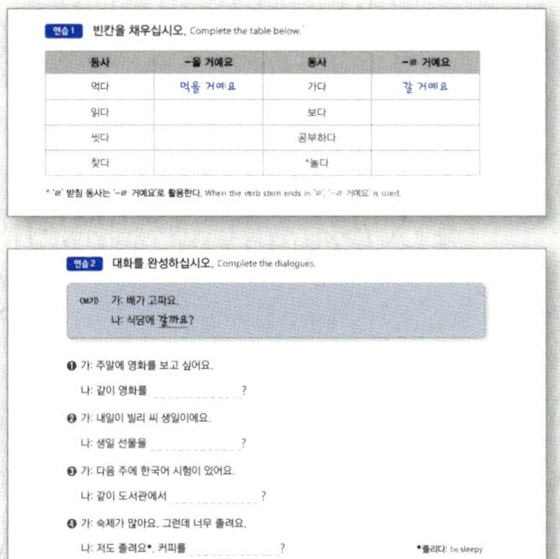

*는 형태 아이콘으로 문법의 형태 변화에서 주의를 기울여야 할 부분을 제시하였다.
★별표는 새 어휘 아이콘으로 문법 설명과 연습에서 새로 등장하거나 낯선 어휘를 부연 설명하였다.

The asterisk(*) is the icon for grammar conjugation. It indicates the morphological changes in the target grammar which require the learner's attention.

★ is for new vocabulary. It provides explanations of new or unfamiliar vocabulary which appears in the grammar and practice sections.

차례 Contents

문법 1

문법 2

등장인물 소개 Characters

Park Jihun(박지훈)

Jihun is Billy's language partner(도우미). He is a student at Kyung Hee University and helps Billy with studying Korean and living in Korea.

Daniel(다니엘)

Daniel is from France. He is also studying Beginning Korean. He likes to go shopping because he is interested in fashion.

Billy(빌리)

Billy is from the U.S.A. He is studying Beginning Korean and interested in Korean language and culture.

Jose(호세)

Jose is from Mexico. He is studying Beginning Korean and interested in sports.

Jeong Yujin(정유진)

Yujin is Lisa's Korean friend. She is a student at Kyung Hee University and likes to introduce Korean culture to her foreign friends.

Lisa(리사)

Lisa is from Japan. She is studying Beginning Korean, and she lives in a boarding house near school. She has many friends because of her nice personality.

Nataporn(나타폰)

Nataporn is from Thailand. She is studying Beginning Korean and likes to watch Korean dramas.

Olga(올가)

Olga is from Russia. She is studying Beginning Korean in Korea because she has a Korean boyfriend.

Khalid(칼리드)

Khalid is from Saudi Arabia. He is studying Beginning Korean and plans to major in engineering.

Wang Ming(왕밍)

Wang Ming is from China. She is studying Beginning Korean and interested in traditional Korean culture.

Chris(크리스)

Chris is from Australia and he is an English teacher in Korea. He is outgoing, humorous, and interested in Korean language and culture.

Kim Suhyeon(김수현)

Suhyeon is a Korean teacher. She is very kind and many students like her.

Lee Minho(이민호)

Minho is a Korean teacher. He enjoys teaching and likes his students very much.

Choi Suji(최수지)

Suji works for the same company as Jessica and Kahn. She has many foreign friends because she studied abroad for a number of years.

Khan(칸)

Khan is from India and works for the same electronics company as Jessica. His hobby is mountain cilmbing.

Jessica(제시카)

Jessica is from the U.S.A. She works for an electronics company and lives in a boarding house with Lisa. She likes to travel.

명사 입니다, 명사 입니까?

준비 다음 중에서 명사를 고르십시오. From the box below, find the nouns.

 가족   읽다   머리   많다   공항   가다   야구   자다   한국어   가르치다

설명

┤ 명사 입니다, 명사 입니까? ├

'입니다, 입니까?'는 명사 뒤에 붙어 서술하는 기능을 한다. '입니다'는 서술형 문장을 만들고 '입니까?'는 의문형 문장을 만든다. 주로 공식적인 말하기에서 사용한다.

'입니다, 입니까?' is a linking verb which can be attached to a noun. It is a sentence ending which expresses the meaning that is equivalent to 'am, is, are' in English. '입니다' is used for a statement and '입니까?' is used for a question. The '입니다, 입니까?' ending is usually used in a formal setting.

- 책입니다.
- 어디입니까?

🔑 비공식적인 말하기에서는 '이에요/예요'를 사용한다. (☞ 문법 08)
In an informal setting, '이에요/예요' ending is more frequently used. (☞ see Grammar 08)

연습 1 무엇입니까? 알맞은 것을 찾아 쓰십시오.
What is it? Choose the correct word from the box below.

가방   모자   바지   사진   시계   우산   치마   운동화

---

❶ 
가방 입니다.

❷ 
______ 입니다.

❸ 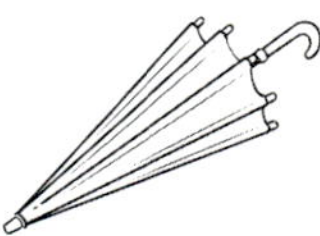
______ 입니다.

❹ 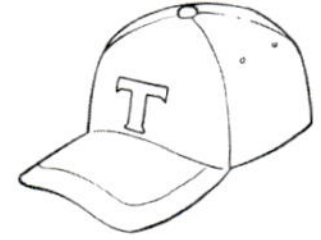
______ 입니다.

❺ 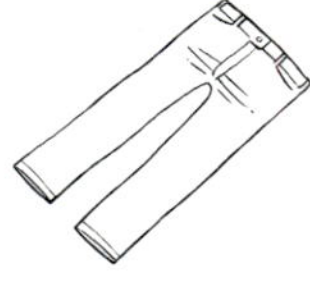
______ 입니다.

❻ 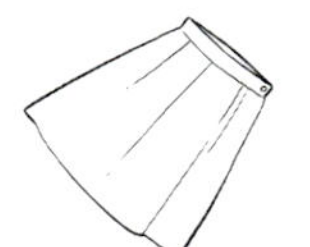
______ 입니다.

❼ 
______ 입니다.

❽ 
______ 입니다.

 누구입니까? 알맞은 것을 찾아 쓰십시오.
Who is she/he? Write the correct word from the box below.

형   누나   남동생   아버지   어머니   여동생

 어디입니까? 알맞은 것을 찾아 쓰십시오.
Where is it? Write the correct word from the box below.

공항   빵집   서점   식당   약국   은행   백화점   우체국

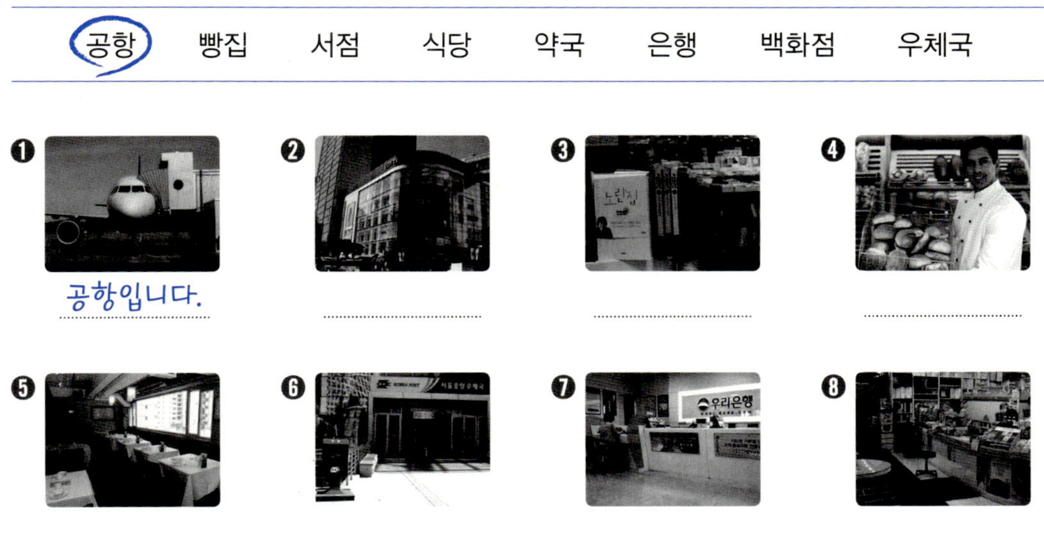

연습4 **알맞은 것을 찾아 쓰십시오.**
Write the words from the box below in the category that answers the question correctly.

| 가방 | 누나 | 동생 | 모자 | 빌리 | 식당 | 신발 | 안경 |
| 우산 | 은행 | 친구 | 학교 | 백화점 | 선생님 | 어머니 | 우체국 |

어디입니까?	누구입니까?	무엇입니까?
백화점입니다.		

메모

02 명사 은/는 (1)

준비 잘 듣고 알맞은 것을 고르십시오. Listen carefully and choose the appropriate answer.

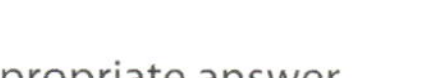

❶ 빌리(은/는) 미국 사람입니다.

❷ 형(은/는) 회사원입니다.

❸ 이은지(은/는) 도우미입니다.

❹ 이 사람(은/는) 누구입니까?

설명

명사 은/는 (1)

‘은/는’은 명사 뒤에 붙어 그 명사가 문장의 주제임을 나타낸다.
Attached to a noun, ‘은/는’ indicates that the preceding noun is the topic of the sentence.

- 동생은 고등학생입니다.
- 여기는 식당입니다.

받침이 있는 명사에는 ‘은’이 붙고 받침이 없는 명사에는 ‘는’이 붙는다.
‘은’ is attached to a noun ending in a consonant while ‘는’ is attached to a noun ending in a vowel.

- 이것 + 은 → 이것은
- 영화 + 는 → 영화는

‘은/는’은 둘 이상의 명사를 대조해서 말할 때에도 사용한다. (☞ 문법 20)
‘은/는’ is also used when contrasting two or more nouns. (☞ see Grammar 20)

 빈칸을 채우십시오. Complete the table below.

명사	은	명사	는
동생	동생은	저	저는
선생님		빌리	
회사원		시계	
가방		의자	
창문		여기	
화장실		저기	

연습2 문장을 완성하십시오. Complete the sentences below.

> 〈보기〉 저, 학생 ⇨ <u>저는 학생입니다.</u>

❶ 여기, 은행   ⇨ ....

❷ 저기, 도서관   ⇨ ....

❸ 리사, 제 친구   ⇨ ....

❹ 제 고향, 제주도 ⇨ ....

 '은/는'을 사용하여 글을 완성하십시오. Fill in the blanks using '은/는'.

❶

빌리 화이트
미국
경희대학교

이 사람<u>은</u> 빌리 화이트입니다.

빌리 화이트＿＿＿＿＿ 미국 사람입니다.

경희대학교 학생입니다.

❷

김수현
한국
경희대학교 한국어 선생님

이 사람<u>은</u> 김수현입니다.

김수현＿＿＿＿＿ 한국 사람입니다.

경희대학교 한국어 선생님입니다.

 친구를 소개해 보십시오. Introduce one of your friends.

〈보기〉

이 사람은 리사입니다.

리사는 일본 사람입니다.

리사는 경희대학교 학생입니다.

제 친구입니다.

사진 붙이는 곳

준비 잘 듣고 알맞은 것을 고르십시오. Listen carefully and choose the appropriate answer.

❶ 리사: (이, 그, 저) 사람은 누구입니까?

빌리: (이, 그, 저) 사람은 우리 형입니다.

❷ 리사: (이, 그, 저) 사람은 누구입니까?

빌리: (이, 그, 저) 사람은 올가입니다.

설명

이, 그, 저

'이, 그, 저'는 사람이나 사물을 지시하는 말이다. '이'는 화자가 지시하는 것이 화자와 가까울 때, '그'는 화자가 지시하는 것이 청자와 가까울 때, '저'는 화자가 지시하는 것이 화자와 청자에게서 멀리 있을 때 사용한다.

'이, 그, 저' is equivalent to 'this/that/that over there' in English and is followed by a noun. '이' is used when referring to an object/person that is near the speaker, '그' is used for an object/person that is near the listener, and '저' is used when the object/person is away from both the speaker and the listener. [For example: '이 사과' 'this apple', '그 사과' 'that apple', and '저 사과' 'that apple over there'. '그' can also be used when referring to an object/person previously mentioned.]

'이, 그, 저'가 사물을 지시할 때 '이, 그, 저' 대신에 '이것, 그것, 저것'을 사용하기도 한다. 의미는 '이, 그, 저'와 동일하다. 주로 구어에서 '이것, 그것, 저것' 뒤에 조사 '은/는'이나 '이/가' (☞ 문법 05), '을/를'(☞ 문법 09)이 붙으면 '이것이'는 '이게', '이것은'은 '이건', '이것을'은 '이걸'로 줄여 사용한다.

When referring to an object, instead of '이, 그, 저 + noun', '이것, 그것, 저것' can be used (literally meaning 'this thing/ that thing/ that thing over there). When '이것, 그것, 저것' is followed by '은/는'(topic particle), '이/가'(subject particle, ☞ see Grammar 05) or '을/를' (object particle, ☞ see Grammar 09), they can be contracted to '이건, 그건, 저건', '이게, 그게, 저게', or '이걸, 그걸, 저걸' in colloquial speech.

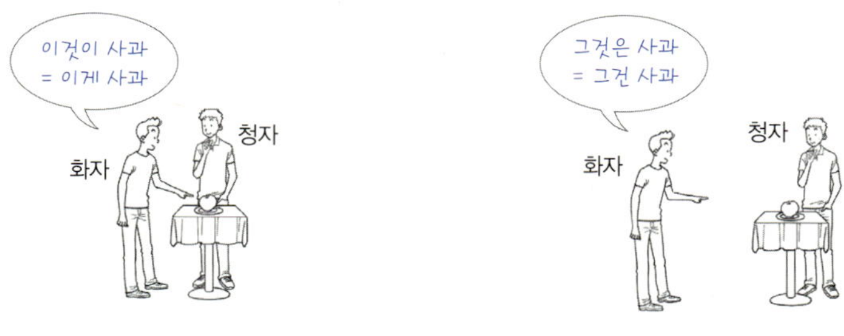

 대화를 완성하십시오. Complete the dialogue below.

1.

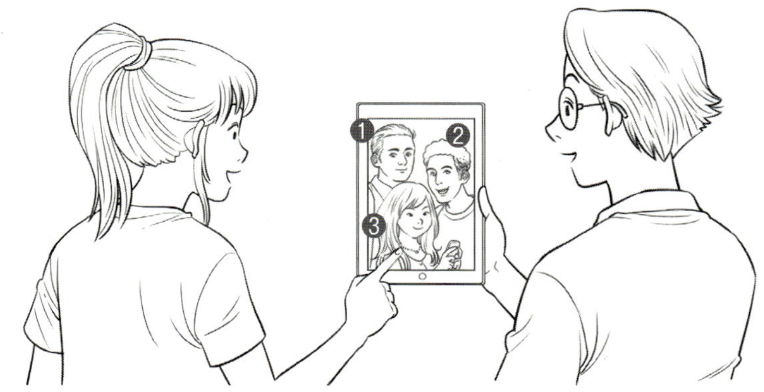

❶ 유진: <u>이 사람은</u> 누구입니까?　　　　　빌리: 호세입니다.

❷ 유진: ＿＿＿＿＿＿＿ 누구입니까?　　　　　빌리: 칼리드입니다.

❸ 유진: ＿＿＿＿＿＿＿ 누구입니까?　　　　　빌리: 리사입니다.

2.

❶ 리사: <u> 저 사람은 </u> 누구입니까?　　　　빌리: 올가입니다.

❷ 리사: .... 누구입니까?　　　　빌리: 나타폰입니다.

❸ 리사: .... 누구입니까?　　　　빌리: 칸입니다.

연습 2　남자가 무슨 말을 합니까? 알맞은 것을 연결하십시오.
What does he say? Match the question with the appropriate picture.

❶　　　　　　　　　　　　　　　　　　　　　　㉮ 그것은 무엇입니까?

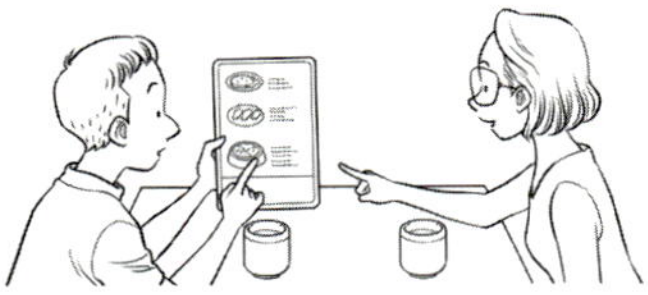

❷　　　　　　　　　　　　　　　　　　　　　　㉯ 이것은 무엇입니까?

❸　　　　　　　　　　　　　　　　　　　　　　㉰ 이 가방은 누구 가방입니까?

❹　　　　　　　　　　　　　　　　　　　　　　㉱ 이 책은 누구 책입니까?

❺　　　　　　　　　　　　　　　　　　　　　　㉲ 저것은 무엇입니까?

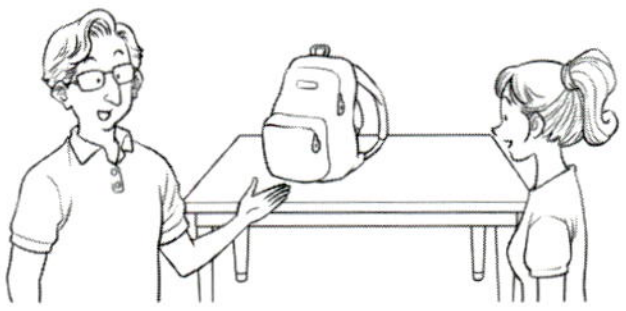

동사 습니다/ㅂ니다, 동사 습니까?/ㅂ니까?

준비 다음 중에서 동사를 고르십시오. Choose the verbs from the box below.

(먹다)   보다   시계   신문   오다   크다   그리다   대학교   컴퓨터

설명

동사 습니다/ㅂ니다, 동사 습니까/ㅂ니까?

'-습니다/ㅂ니다, -습니까?/ㅂ니까?'는 동사 어간에 붙어 문장을 서술하는 기능을 한다. '-습니다/ㅂ니다'는 서술형 문장을 만들고 '습니까?/ㅂ니까?'는 의문형 문장을 만든다. 주로 공식적인 말하기에서 사용한다.

'-습니다/ㅂ니다, -습니까?/ㅂ니까?' is a formal polite sentence ending which is attached to a verb stem. '-습니다/ㅂ니다' is used for statements while '-습니까?/ㅂ니까?' is used for questions. '-습니다/ㅂ니다, -습니까?/ㅂ니까?' is mostly used in formal settings(such as in formal speech, at a formal meeting, or on a TV news report).

- 사과가 많습니다.
- 책이 있습니까?

받침이 있는 동사에는 '-습니다, 습니까?'가 붙고 받침이 없는 동사에는 '-ㅂ니다, ㅂ니까?'가 붙는다.

When the verb stem ends in a consonant, '-습니다, 습니까?' is used. After a verb stem ending in a vowel, '-ㅂ니다, ㅂ니까?' is used.

- 먹다 + 습니다 → 먹습니다
- 재미있다 + 습니까? → 재미있습니까?
- 만나다 + ㅂ니다 → 만납니다
- 가다 + ㅂ니까? → 갑니까?

💡 비공식적인 말하기에서는 '-아요/어요'를 사용한다. (☞ 문법 07)
  '-아요/어요' is more frequently used in informal or casual settings. (☞ see Grammar 07)

 다음을 동작동사와 상태동사로 나누십시오.
Divide the following into action verbs and stative verbs.

가다 많다 먹다 보다 사다 싸다 오다
읽다 자다 작다 크다 예쁘다 운동하다 친절하다

동작동사	상태동사
가다	많다

 빈칸을 채우십시오. Complete the table below.

동사	–습니다	동사	–ㅂ니다
먹다	먹습니다	가다	갑니다
읽다		오다	
많다		크다	
작다		예쁘다	
있다		운동하다	
없다		친절하다	

동사	–습니까?	동사	–ㅂ니까?
씻다	씻습니까?	사다	삽니까?
웃다		자다	
춥다		싸다	
덥다		비싸다	
맛있다		노래하다	
재미있다		요리하다	

  알맞은 것을 찾아 쓰십시오. Write the correct word from the box below.

| 가다 | 많다 | 먹다 | 오다 | 읽다 | 자다 |
| 작다 | 적다 | 크다 | 노래하다 | 요리하다 | 운동하다 |

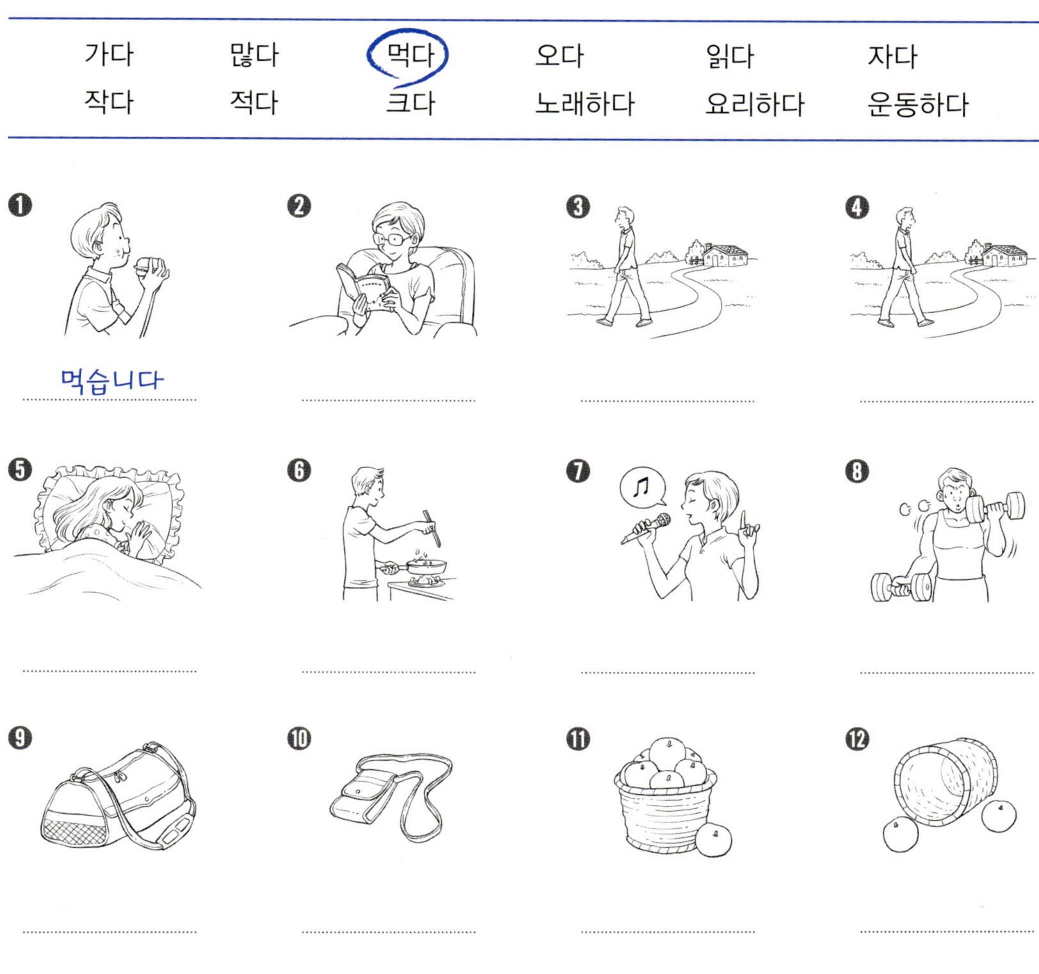

❶ 먹습니다

❷

❸

❹

❺

❻

❼

❽

❾

❿

⓫

⓬

  반대말을 찾아서 쓰십시오. Find and write the antonyms from the box below.

| 가다 | 많다 | 싸다 | 오다 | 작다 | 적다 |
| 크다 | 맛없다 | 맛있다 | 배우다 | 비싸다 | 가르치다 |

❶ 갑니다 : 옵니다   ❷ ___ : ___

❸ ___ : ___   ❹ ___ : ___

❺ ___ : ___   ❻ ___ : ___

 문장을 완성하십시오. Complete the sentences.

<보기>　방, 작다 ⇨ 방이* <u>**작습니다.**</u>

* 이 문장에서 '은/는'을 쓰면 '방은 작습니다. (하지만 거실은 큽니다.)'와 같이 대조의 의미를 전제하게 되어 '이/가'를 쓰는 것이 좋다.

In the above sentence, if '은/는' is used, it marks a contrast or comparison between two things such as 'The room is small but the living room is big'. Thus '이/가' is more appropriate in this context.

❶ 리사, 가다　　　　　⇨　리사가 ....

❷ 학생, 운동하다　　　⇨　학생이 ....

❸ 포도, 많다　　　　　⇨　포도가 ....

❹ 빵, 적다　　　　　　⇨　빵이 ....

<보기>　사람, 많다 ⇨ 사람이 **많습니까?**

❺ 동생, 오다　　　　　⇨　동생이 ....

❻ 아기, 자다　　　　　⇨　아기가 ....

❼ 수박, 맛있다　　　　⇨　수박이 ....

❽ 영화, 재미있다　　　⇨　영화가 ....

 다음 단어를 사용하여 친구와 대화하십시오.
Have a conversation with your friend using the following words.

가다　(많다)　없다　오다　있다　자다　작다　적다　크다　가르치다　질문하다

05 명사 이/가

 잘 듣고 알맞은 것을 고르십시오. Listen carefully and mark the appropriate answer.

❶ 저기(이/가) 기숙사입니다.

❷ 이 사람(이/가) 제 누나입니다.

❸ 언니(이/가) 갑니다.

❹ 사무실(이/가) 덥습니다.

설명

명사 이/가

'이/가'는 명사 뒤에 붙어 그 명사가 문장의 주어임을 나타낸다.

'이/가' is attached to a noun and indicates that the preceding noun is the subject of the sentence.

- 이것이 무엇입니까?
- 여기가 휴게실입니다.

받침이 있는 명사에는 '이'가 붙고 받침이 없는 명사에는 '가'가 붙는다.

After a consonant-ending noun, '이' is used. After a vowel-ending noun, '가' is used.

- 컵 + 이 → 컵이
- 아기 + 가 → 아기가

 빈칸을 채우십시오. Complete the table below.

명사	이	명사	가
동생	동생이	휴대 전화	휴대 전화가
선생님		회사	
우체국		누나	
휴게실		오빠	
이름		*저	
가방		*누구	

* '저'에 '가'가 붙으면 '저가'가 아닌 '제가', '누구'에 '가'가 붙으면 '누구가'가 아닌 '누가'가 된다.
When the subject particle '가' is attached to '저' ('I'), it becomes '제가' not '저가'. When '누구' ('who') is used as a subject of the sentence, the subject particle '가' is attached and it becomes '누가' not '누구가'.

연습 2 알맞은 것을 쓰십시오. Fill in the blanks.

❶ 선생님 이 누구입니까?

❷ 약국 ______ 어디입니까?

❸ 이름 ______ 뭐예요?

❹ 빌리 ______ 옵니다.

❺ 동생 ______ 운동합니다.

❻ 구두 ______ 큽니다.

연습 3 문장을 완성하십시오. Complete the sentences.

〈보기〉 여기, 공항 ⇨ <u>여기가 공항입니다.</u>

❶ 저기, 영화관   ⇨ ______________________

❷ 이 사람, 제 오빠   ⇨ ______________________

❸ 서점, 어디   ⇨ ______________________

❹ 이것, 무엇   ⇨ ______________________

〈보기〉 가방, 크다 ⇨ **가방이 큽니다.**

❺ 모자, 작다　　　　　　　⇨

❻ 우산, 예쁘다　　　　　　⇨

❼ 불고기, 맛있다　　　　　⇨

❽ 동생, 착하다　　　　　　⇨

연습 4　　알맞은 것을 쓰십시오. Fill in the blanks.

❶ 이민호: 누가 미국에서 왔어요?

　빌　리: 제　　　　미국에서 왔어요.

❷ 빌　리: 우체국　　　　어디입니까?

　리　사: 저기　　　　우체국입니다.

메모

명사 이/가 아니다

준비 그림을 보고 빈칸에 알맞은 말을 넣으십시오.
Look at the picture and fill in the blank with the appropriate word.

설명

명사 이/가 아니다

'이/가 아니다'는 '이다'의 부정 표현이다. 주로 공식적인 말하기에서는 '이/가 아닙니다'를 쓰고 비공식적인 말하기에서는 '이/가 아니에요'를 쓴다.
'이/가 아니다' is a negative form of '이다'. In formal speech, '이/가 아닙니다' is used. In informal speech, '이/가 아니에요' is mostly used.

- 가: 여기가 사무실입니까?

  나: 아니요, 사무실이 아닙니다.

받침이 있는 명사에는 '이 아니다'가 붙고 받침이 없는 명사에는 '가 아니다'가 붙는다.
After a consonant-ending noun, '이 아니다' is attached. After a vowel-ending noun, '가 아니다' is used.

- 학생 + 이 아니다 → 학생이 아닙니다*
- 커피 + 가 아니다 → 커피가 아닙니다

* '아닙니다'는 동사 '아니다'에 '-ㅂ니다'가 붙은 것이다.
  '아닙니다' is formed by attaching '-ㅂ니다' to the verb '아니다'.

 빈칸을 채우십시오. Complete the table below.

명사	이 아니다	명사	가 아니다
문	문이 아닙니다	여자 친구	여자 친구가 아닙니다
가방		커피	
도서관		옷 가게	
한국 사람		빌리	

연습 2 〈보기〉와 같이 해 보십시오. Practice the conversation as shown in the example below.

준비 잘 듣고 알맞은 그림을 고르십시오. Listen carefully and mark the correct picture. 

1. ❶  ❷　　2. ❶  ❷

설명

동사 아요/어요

'-아요/어요'는 동사 어간에 붙어 서술하는 기능을 한다. 주로 비공식적인 말하기에서 사용한다.

'-아요/어요' is a polite sentence ending. It is attached to a verb(action verb or stative verb) and is mostly used in informal or casual settings.

- 날씨가 좋아요.
- 사과가 맛있어요.
- 호세가 운동해요.

모음 'ㅏ', 'ㅗ' 뒤에는 '-아요'가 붙고 그 외 모음 뒤에는 '-어요'가 붙는다. '하다'로 끝나는 경우에는 '-여요'가 붙어 '하여요'가 되고 이것이 줄어들어 '해요'가 된다.

When the last vowel of the verb stem is either 'ㅏ' or 'ㅗ', '-아요' is attached to the verb stem. When the last vowel of the verb stem is a vowel other than 'ㅏ' or 'ㅗ', '-어요' is attached. For '하다' ending verbs, '-여요' is attached making '하여요' which then becomes contracted to '해요'.

- 많다 + 아요 → 많아요
- 재미있다 + 어요 → 재미있어요
- 친절하다 + 여요 → 친절하여요 → 친절해요

받침이 없이 모음 'ㅏ', 'ㅓ'로 끝나는 경우에는 '-아요/어요'가 붙으면 동음 탈락이 일어나고 'ㅡ'로 끝나는 경우에는 'ㅡ' 탈락(☞ 문법 07)이 일어난다.

When the verb stem ends in 'ㅏ' or 'ㅓ', two repeated vowels are contracted to one such as '가요'(not '가아요') and '서요'(not '서어요'). When the verb stem ends in 'ㅡ', the vowel 'ㅡ' is dropped such as '써요'(not '쓰어요'). (☞ see Grammar 07)

- 가다 + 아요 → 가요
- 서다 + 어요 → 서요
- 아프다 + 아요 → 아파요
- 쓰다 + 어요 → 써요

받침이 없이 'ㅣ', 'ㅗ', 'ㅜ'로 끝나는 경우에는 '-아요/어요'가 붙으면 축약된다.
Vowel contraction also occurs when '-아요/어요' is attached to the verb stem ending in 'ㅣ', 'ㅗ', 'ㅜ'.

- 기다리다 + 어요 → 기다려요
- 보다 + 아요 → 봐요
- 두다 + 어요 → 둬요

말하기에서 '-아요/어요'는 억양에 따라 서술형, 의문형, 명령형, 청유형 문장으로 구분된다.
'-아요/어요' ending is used for all sentence types: statements, questions, suggestions and commands. By changing the intonation, the type of sentence can be differentiated.

연습1 빈칸을 채우십시오. Complete the table below.

동사	-아요	동사	-어요	동사	-해요
살다	살아요	먹다	먹어요	운동하다	운동해요
앉다		웃다		전화하다	
좋다		있다		요리하다	

동사	-아요	동사	-어요
가다	가요	마시다	마셔요
만나다		가르치다	
타다		배우다	
오다		보내다	
보다		*쉬다	

* '쉬다', '사귀다'는 '쉬다 + 어요 → 쉬어요', '사귀다 + 어요 → 사귀어요'로 쓴다.
When verbs '쉬다' and '사귀다' combine with '-아요/어요', they become '쉬어요' and '사귀어요'.

연습 2 알맞은 것을 쓰십시오. Write the appropriate word from the box below.

가다	많다	먹다	보다	앉다	오다	읽다	자다
작다	적다	그리다	마시다	맛있다	깨끗하다	전화하다	

❶

앉아요

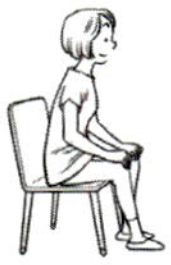

❷

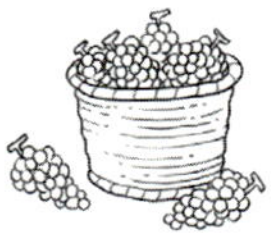

❸

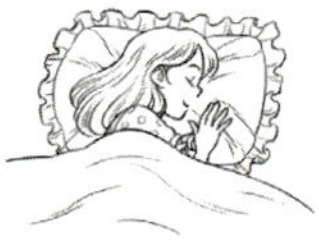

❹

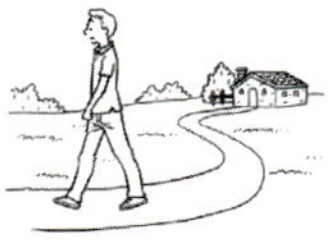

❺

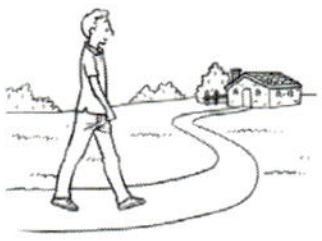

❻

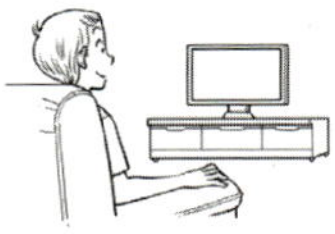

❼

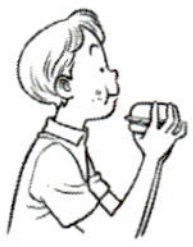

❽

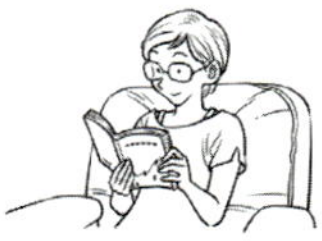

❾

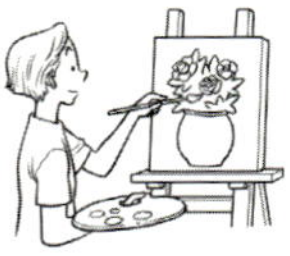

❿

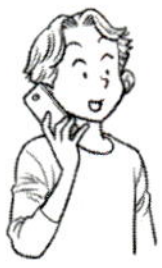

⓫

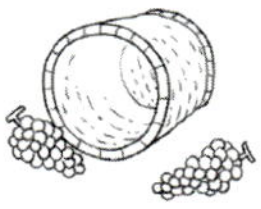

⓬

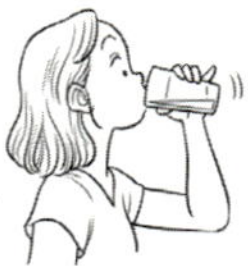

⓭

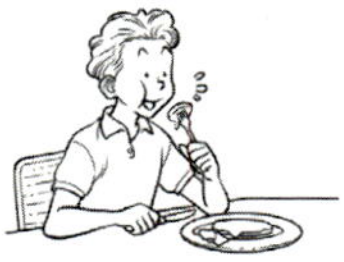

⓮

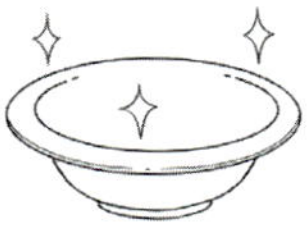

⓯

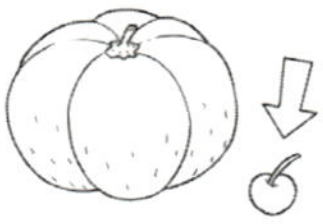

연습 3   문장을 완성하십시오. Complete the sentences.

> 〈보기〉   빌리, 앉다 ⇨ <u>빌리가 앉아요.</u>

❶ 책, 많다   ⇨ ....

❷ 구두, 싸다   ⇨ ....

❸ 영화, 재미있다   ⇨ ....

❹ 올가, 운동하다   ⇨ ....

❺ 방, 깨끗하다   ⇨ ....

연습 4   그림을 보고 사람들이 무엇을 하는지 이야기해 보십시오.
Look at the picture and make a conversation with your friend as shown in the example.

| 웃다 | 자다 | 달리다 | 산책하다 | 전화하다 | 이야기하다 |

> 〈보기〉   가: 이 사람이 지금 뭐* 해요?
> 나: 전화해요.

* '뭐'는 '무엇'이 줄어든 말로 주로 구어에서 사용한다.
'뭐' is the contracted form of '무엇' and is mostly used in colloquial speech.

준비 잘 듣고 알맞은 번호(1–2)를 쓰십시오. Listen carefully and write the correct number (1-2).

❶ 

(   )

❷ 

(   )

설명

명사 이에요/예요

'이에요/예요'는 명사 뒤에 붙어 서술하는 기능을 한다. 주로 비공식적인 말하기에서 사용하며 억양에 따라 서술형 문장과 의문형 문장이 구분된다.

'이에요/예요' is a casual polite form of '입니다'. It is attached to a noun and expresses the meaning equivalent to 'am, is, are' in English. By raising the intonation at the end, you can turn an '이에요/예요' statement into a question('이에요/예요?').

- 이 사람은 제 동생이에요.
- 이건* 커피예요.

받침이 있는 명사에는 '이에요'가 붙고 받침이 없는 명사에는 '예요'가 붙는다.

After a consonant-ending noun, '이에요' is attached. After a vowel-ending noun, '예요' is used.

- 회의실 + 이에요 → 회의실이에요
- 전화기 + 예요 → 전화기예요

🔑 공식적인 말하기에서는 '입니다'를 사용한다. (☞ 문법 01)
In formal speech, '입니다' is used. (☞ see Grammar 01)

* '이건'은 '이것은'이 줄어든 말로 주로 구어에서 사용한다.
'이건' is the contracted form of '이것은' and is mostly used in colloquial speech.

  빈칸을 채우십시오. Complete the table below.

명사	이에요	명사	예요
창문	창문이에요	시계	시계예요
생일		고양이	
병원		회사	
한국 사람		빌리	

연습 2 문장을 완성하십시오. Complete the sentences.

> 〈보기〉 여기, 영화관 ⇨ **여기가 영화관이에요.**

❶ 여기, 우체국 　　　　　⇨ ....

❷ 저기, 기숙사 　　　　　⇨ ....

❸ 그 사람, 회사원 　　　　⇨ ....

❹ 이 사람, 제 남자 친구 　⇨ ....

❺ 내일, 제 생일 　　　　　⇨ ....

연습 3 대화를 완성하십시오. Complete the dialogues as shown in the example.

〈보기〉

가: 여기가 우체국이에요?
나: **우체국이 아니에요. 은행이에요.**

❶

가: 이 사람이 미국 사람이에요?

나: ....

❷

가: 이게 커피예요?

나: ____________________________

❸

가: 이 사람이 형이에요?

나: ____________________________

❹

가: 이게 셔츠예요?

나: ____________________________

메모

09 **명사**을/를

준비

준비 잘 듣고 알맞은 것을 고르십시오. Listen carefully and choose the appropriate one.

❶ 책(을/를) 읽어요.

❷ 우유(을/를) 마셔요.

❸ 영화(을/를) 봐요.

❹ 사진(을/를) 찍어요.

설명

명사을/를

'을/를'은 명사에 붙어 그 명사가 목적어임을 나타낸다.
Attached to a noun, '을/를' indicates the preceding noun is the object of the sentence.

- 빌리가 빵을 먹습니다.
- 리사가 한국 노래를 좋아해요.

받침이 있는 명사에는 '을'이 붙고 받침이 없는 명사에는 '를'이 붙는다.
After a consonant, '을' is attached, and after a vowel, '를' is attached.

- 책 + 을 → 책을
- 우유 + 를 → 우유를

연습 1 빈칸을 채우십시오. Complete the table below.

명사	을	명사	를
밥	밥을	우유	우유를
책		시계	
사진		친구	
운동		영화	

 알맞은 것을 연결하여 문장을 만드십시오.
Match the words correctly and then create a sentence using the words.

❶ 옷 · · 읽다 ⇨ ....

❷ 손 · · 하다 ⇨ ....

❸ 물 · · 씻다 ⇨ ....

❹ 영화 · · 입다 ⇨ 옷을 입어요.

❺ 운동 · · 보다 ⇨ ....

❻ 책 · · 마시다 ⇨ ....

 문장을 완성하십시오. Complete the sentences.

> 〈보기〉 빌리, 밥, 먹다 ⇨ <u>빌리가 밥을 먹어요.</u>

❶ 리사, 책, 읽다 ⇨ ....

❷ 동생, 옷, 입다 ⇨ ....

❸ 다니엘, 사과, 사다 ⇨ ....

❹ 호세, 커피, 마시다 ⇨ ....

메모

 대화를 완성하십시오. Complete the dialogues.

> 〈보기〉   가: 시장이에요. 무엇을 해요?
>
>   나: <u>**과일을 사요**</u>. (과일, 사다)

❶ 가: 학교예요. 무엇을 해요?

   나: ____ (한국어, 공부하다)

❷ 가: 우체국이에요. 무엇을 해요?

   나: ____ (편지, 보내다)

❸ 가: 영화관이에요. 무엇을 해요?

   나: ____ (영화, 보다)

❹ 가: 명동이에요. 무엇을 해요?

   나: ____ (구두, 사다)

 그림을 보고 사람들이 무엇을 하는지 이야기해 보십시오.
Looking at the picture below, make a conversation with your friends about what they are doing.

> 〈보기〉   **빌리가 책을 읽어요.**

한자어 수 (1)

다음 숫자를 읽어 보십시오. Read the numbers.

1 2 3 4 5 6 7 8 9 10

┤ 한자어 수 (1) ├

한자어 수는 한국어로 수를 읽는 방법으로 '영/공(零/空), 일(一), 이(二), 삼(三), 사(四), 오(五), 육(六), 칠(七), 팔(八), 구(九)'로 읽는다. '10' 이상의 한자어 수사는 '십(十), 십일(十一), 십이(十二), 이십(二十), 삼십(三十), 사십(四十)……'으로 읽고 '100' 이상의 한자어 수사는 '백(百), 이백(二百), 삼백(三百)……'으로 읽는다. '1,000' 이상의 한자어 수사는 '천(千), 이천(二千), 삼천(三千)……'으로 읽고 '10,000' 이상의 한자어 수는 '만(萬), 이만(二萬), 삼만(三萬)……'으로 읽는다.

In Korean, there are two sets of numerals: Native Korean numbers and Sino-Korean numbers. Sino-Korean numbers 0 to 9 are read '영/공(zero), 일(one), 이(two), 삼(three), 사(four), 오(five), 육(six), 칠(seven), 팔(eight), 구(nine)'. Sino-Korean numbers from 10s to 99: '십(ten), 십일(eleven), 십이(twelve),……이십(twenty), 삼십(thirty), 사십(forty)……구십구(ninety-nine)'. Numbers 100 and over: '백(one hundred), 이백(two hundred), 삼백(three hundred)'…Numbers 1,000 and over: '천(one thousand), 이천(two thousand), 삼천(three thousand)'…Numbers 10,000 and over: '만(ten thousand), 이만(twenty thousand), 삼만(thirty thousand)'.

- 12　　– 십이
- 673　　– 육백칠십삼
- 2,915 – 이천구백십오

한국어 수는 한자어로 읽는 방법과 고유어로 읽는 방법 두 가지가 있다. (☞ 문법 13, 18, 21)

In Korean, there are two sets of numerals: Native Korean numbers and Sino-Korean numbers. (☞ see Grammar 13, 18, 21)

 숫자를 읽고 따라 쓰십시오. Read and trace the numbers.

0	1	2	3	4	5	6	7	8	9	10
영/공	일	이	삼	사	오	육	칠	팔	구	십
	11	12	13	14	15	16	17	18	19	20
	십일	십이	십삼	십사	십오	십육	십칠	십팔	십구	이십

10	20	30	40	50	60	70	80	90	100
십	이십	삼십	사십	오십	육십	칠십	팔십	구십	백

1,000	10,000	100,000	1,000,000	10,000,000	100,000,000
천	만	십만	백만	천만	억

 숫자를 읽으십시오. Read the following numbers.

❶ 30　　❷ 73　　❸ 59　　❹ 16　　❺ 92

❻ 61　　❼ 28　　❽ 167　　❾ 365　　❿ 834

 숫자를 쓰십시오. Write the appropriate numbers.

❶ 삼십오　　35　　　❷ 십일 ....

❸ 이십구 ....　　❹ 구십이 ....

❺ 오십칠 ....　　❻ 사십삼 ....

❼ 육십육 ....　　❽ 삼백삼십 ....

❾ 오백사 ....　　❿ 칠백십팔 ....

07

연습 4 잘 듣고 숫자를 쓰십시오. Listen carefully and write the correct number.

〈보기〉 2014

❶ .... ❷ .... ❸ ....

❹ .... ❺ .... ❻ ....

연습 5 다음 전화번호를 읽으십시오. Read the telephone numbers as shown in the example.

〈보기〉 ☎ 02) 961-0114 ⇨ 공이 구육일에 공일일사

❶ 02) 328-4593 ❷ 02) 900-8721 ❸ 02) 3124-8756

❹ 031) 201-3114 ❺ 070-8253-2384 ❻ 1588-3072

❼ 010-9428-2050 ❽ 010-2212-8970 ❾ 010-6376-5062

연습 6 잘 듣고 맞으면 ◯, 틀리면 ✕를 하십시오.
Listen carefully and mark ◯ if it is correct or ✕ if it is incorrect.

〈보기〉 국제교육원 ☎ 02) 961-0081 (◯)

❶ 우리 집 ☎ 02) 3216-1648 (   )

❷ A/S센터 ☎ 070-8591-0102 (   )

❸ 피자 가게 ☎ 1588-8585 (   )

❹ 이민호 선생님 ☎ 010-4133-2382 (   )

11 명사 에 가다

준비 잘 듣고 알맞은 그림을 고르십시오. Listen carefully and mark the correct picture.

❶ 

❷ 

설명

명사 에 가다

‘에 가다, 오다’는 장소를 나타내는 명사 뒤에 붙어 어떤 동작의 방향이나 목적지를 표현할 때 사용한다.

In Korean, ‘에 가다, 오다’ is attached to a location noun and expresses the meaning ‘to go/come to [location/destination]’.

- 빌리가 학교에 갑니다.
- 친구가 우리 집에 옵니다.

‘에’ 뒤에는 ‘가다, 오다’ 이외에 이동 또는 도착을 나타나는 동작동사가 올 수 있다.

In addition to 가다, 오다, actions verbs indicating movement or arrival can also be used.

- 형은 회사에 다닙니다.
- 곧★ 서울에 도착합니다.

★곧: soon

어떤 동작의 방향이나 목적지가 사람일 때는 ‘에게, 한테’를 사용한다. (☞ 문법 46)
When the direction or destination (of going/coming) is not a location but a person, ‘에게, 한테’ is used. (☞ see Grammar 46)

 문장을 완성하십시오. Complete the sentences.

<보기> 빌리, 명동, 가다 ⇨ <u>빌리가 명동에 갑니다.</u>

❶ 리사, 식당, 가다 ⇨ ....

❷ 호세, 은행, 가다 ⇨ ....

❸ 형, 한국, 오다 ⇨ ....

❹ 칼리드, 학교, 오다 ⇨ ....

❺ 제시카, 회사, 다니다 ⇨ ....

 대화를 완성하십시오. Complete the dialogues.

<보기> 가: 주말이에요. 어디에 가요?
        나: <u>명동에 가요.</u> (명동)

❶ 가: 휴일이에요. 어디에 가요?
   나: .... (여의도)

❷ 가: 점심시간이에요. 어디에 가요?
   나: .... (식당)

❸ 가: 빌리 생일이에요. 파티에 누가 와요?
   나: .... (나타폰)

메모

10

12 [명사]에 있다

잘 듣고 맞는 그림에 번호(1–2)를 쓰십시오.
Listen carefully and write the appropriate number (1-2) with the correct picture.

❶ 

(　　　　)

❷ 

(　　　　)

[명사]에 있다

'에 있다'는 장소나 위치를 나타내는 명사 뒤에 붙어 사람이나 사물의 위치하는 곳을 말할 때 사용한다.
Location '에 있다' is used when expressing the location of an object or person.

- 침대가 방에 있습니다.
- 학생 식당은 서점 앞에 있어요.

사람을 나타내는 명사 뒤에서는 명사의 지위나 나이에 따라 '있다'가 '계시다'가 되기도 한다.
To express the existence/location of someone who is older or whose social status is higher (than the speaker), '계시다' can be used instead of '있다'.

- 부모님은 미국에 계십니다.
- 사장님은 사장실에 계십니다.

'에'는 사물이나 사람이 위치하는 곳을 말할 때 사용할 뿐만 아니라 장소나 위치를 나타내는 명사의 상태를 설명할 때 사용하기도 한다.
'에 있다' expresses the location of someone or something. '에' can also co-occur with other existential or static predicates such as '많다' and '없다' to indicate the state or condition of the location noun. (e.g. '사람들이 운동장에 많아요.' 'There are many people in the playground.'; '학생들이 교실에 없어요.' 'There are no students in the classroom.')

- 사람들이 운동장에 많아요.
- 학생들이 교실에 없어요.

 문장을 완성하십시오. Complete the sentences.

〈보기〉 빌리, 집, 있다 ⇨ <u>빌리가 집에 있습니다.</u>

❶ 컴퓨터, 교실, 있다 ⇨

❷ 텔레비전, 제 방, 없다 ⇨

❸ 책, 서점, 많다 ⇨

❹ 나무, 공원, 많다 ⇨

연습 2 대화를 완성하십시오. Complete the dialogues.

〈보기〉 가: 호세가 어디에 있어요?
       나: <u>호세가 집에 있어요.</u> (집)

❶ 가: 가족이 어디에 있어요?

  나: ______________________________ (고향)

❷ 가: 외국 식당이 어디에 많아요?

  나: ______________________________ (이태원)

❸ 가: 방에 무엇이 있어요?

  나: ______________________________ (침대)

❹ 가: 교실에 누가 있어요?

  나: ______________________________ (학생)

방에 무엇이 있어요? 그림을 보고 이야기해 보십시오.
What is in the room? Look at the picture and make a conversation with your friend.

방에 침대가 있어요.

메모

준비 얼마입니까? How much is it?

설명

┤ 한자어 수 (2) ├

한자어 수는 연도와 날짜, 가격, 분량 등을 나타내는 단위 명사 앞에서 사용한다.
For dates, prices, and portion (of food), Sino-Korean numbers are used.

- 2017년 3월 28일 – 이천십칠 년 삼 월 이십팔 일
- 87,000원 – 팔만 칠천 원
- 2인분 – 이 인분

연습1 날짜를 읽고 쓰십시오. Write the dates the way they are read.

1일	2일	3일	4일	5일	6일	7일	8일	9일	10일	11일	12일
일일											

1월	2월	3월	4월	5월	*6월	7월	8월	9월	*10월	11월	12월
일월					유월				시월		

* 6월은 '유월', 10월은 '시월'이라고 한다.
'6월(June)' is read '유월' and '10월(October)' is read '시월'.

  날짜를 읽고 쓰십시오. Write the dates the way they are read.

❶ 1/1 (일월 일일) ❷ 2/14 (   )

❸ 3/1 (   ) ❹ 5/5 (   )

❺ 6/6 (   ) ❻ 8/15 (   )

❼ 10/3 (   ) ❽ 10/9 (   )

❾ 11/11 (   ) ❿ 12/25 (   )

연습 3 **다음 달력을 보고 대화를 완성하십시오.** Look at the calender and complete the dialogues.

5월						
일	월	화	수	목	금	토
1	2	3	4 시험	5 어린이날	6	7
8 어버이날	9	10	11	12	13 현지 학습★	14
15 스승의 날	16	17	18	19	20	21
22	23	24	25	26 다니엘 생일	27	28
29	30	31			★현지 학습: field trip	

〈보기〉 가: 시험은 언제예요?

나: 오월 사일이에요.

❶ 가: 어린이날은 언제예요?

나: ....

❷ 가: 스승의 날은 언제예요?

나: ....

❸ 가: 현지 학습은 언제예요?

나: ....

❹ 가: 다니엘 생일이 언제예요?

나: ....

 주변 사람들에게 생일과 전화번호를 묻고 쓰십시오.
Ask the people around you their birthday and telephone number and write it down.

〈보기〉 가: 생일이 언제예요?

나: 칠월 이십오일이에요.

가: 전화번호가 몇 번이에요?

나: 공일공 사일삼삼에 이삼팔이예요.

이름	생일	전화번호
이민호	7/25	010-4133-2382

 얼마입니까? 읽으십시오. How much is it? Read the prices.

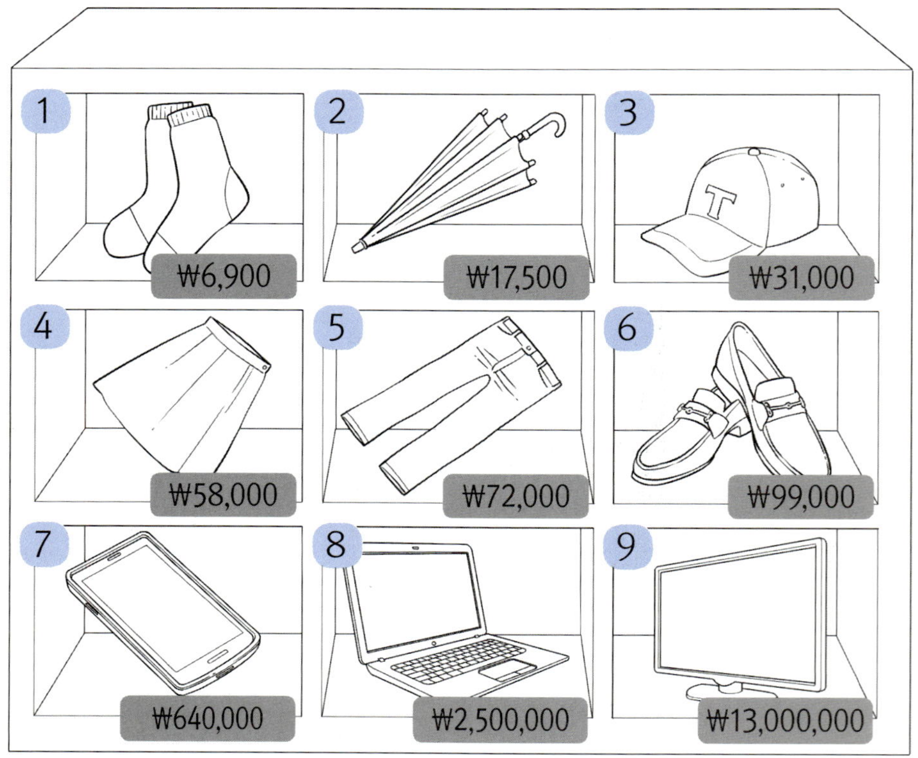

11

연습 6 **얼마입니까? 대화를 듣고 알맞은 것을 고르십시오.**
How much is it? Listen to the conversation and pick the correct price.

⟨보기⟩ 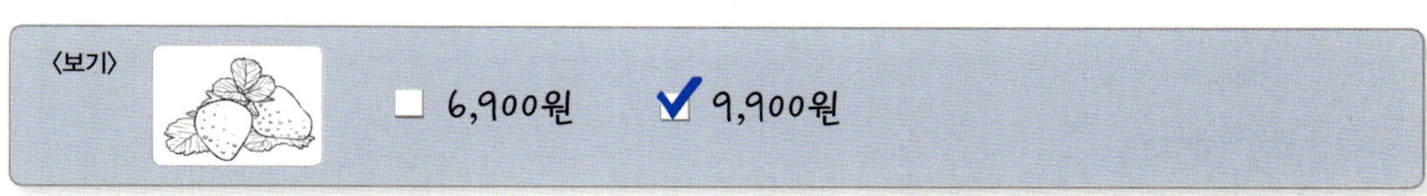
☐ 6,900원   ✔ 9,900원

❶ 
☐ 1,900원
☐ 2,900원

❷ 
☐ 5,800원
☐ 6,800원

❸ 
☐ 3,300원
☐ 4,300원

메모

14 〔동작동사〕고 싶다

 빌리는 지금 무슨 이야기를 합니까? 그림을 보고 빌리가 되어 이야기해 보십시오.
What would you say if you were Billy in the following situation?

설명

〔동작동사〕고 싶다

'-고 싶다'는 동작동사 어간에 붙어 화자가 원하거나 바라는 일을 나타낸다. 말하기에서는 주로 주어가 생략되어 나타난다.
Attached to an action verb, '–고 싶다' expresses the speaker's desire or wish. The subject of the sentence is often omitted.

- 저는 영화를 보고 싶어요.
- 한국어를 잘하고 싶어요.

'-고 싶다'는 청자가 원하거나 바라는 일을 나타낼 때는 의문형으로 사용된다.
When it is used as a question, it asks about the listener's desire or wish.

- 빌리 씨, 지금 뭘 하고 싶어요?
- 언제 여행을 가고 싶어요?

연습 1 빈칸을 채우십시오. Complete the table below.

동작동사	-고 싶어요	-고 싶습니다
먹다	먹고 싶어요	먹고 싶습니다
읽다		
사다		
보다		

 문장을 완성하십시오. Complete the sentences.

> 〈보기〉 저, 피자, 먹다 ⇨ 저는 피자를 먹고 싶습니다.

❶ 저, 축구, 하다　　　　　⇨ ....

❷ 저, 컴퓨터, 사다　　　　⇨ ....

❸ 저, 한국 드라마, 보다　　⇨ ....

❹ 저, 부산, 가다　　　　　⇨ ....

 대화를 완성하십시오. Complete the dialogues.

> 〈보기〉 
> 빌리: 리사 씨, 무엇을 먹고 싶어요? (김밥)
> 리사: 저는 김밥을 먹고 싶어요.

❶ 
올　가: 나타폰 씨, 어디에 가고 싶어요? (제주도)

나타폰: ....

❷ 
빌리: 올가 씨, 무엇을 사고 싶어요? (휴대폰)

올가: ....

❸ 
나타폰: 칼리드 씨, 무엇을 받고 싶어요? (자동차)

칼리드: ....

❹ 
올가: 빌리 씨, 누구하고 영화를 보고 싶어요? (리사)

빌리: ....

15 동작동사 고 싶어 하다

 문장을 완성해 보십시오. Complete the sentence.

설명

| 동작동사 고 싶어 하다 |

'-고 싶어 하다'는 동작동사 어간에 붙어 화자가 아닌 다른 사람이 원하거나 바라는 일을 나타낸다.

'-고 싶어 하다' is attached to an action verb. It is used to describe someone other than the speaker's desire or wish.

- 유진은 유학을 가고 싶어 해요.
- 왕밍은 한국 친구를 사귀고 싶어 해요.

연습 1 빈칸을 채우십시오. Complete the table below.

동작동사	-고 싶어 해요	-고 싶어 합니다
먹다	먹고 싶어 해요	먹고 싶어 합니다
읽다		
사다		
보다		

 문장을 완성하십시오. Complete the sentences.

> 〈보기〉 빌리, 피자, 먹다 ⇨ <u>빌리는 피자를 먹고 싶어 합니다.</u>

❶ 호세, 영화, 보다   ⇨ ....

❷ 리사, 수영, 하다   ⇨ ....

❸ 나타폰, 시계, 사다   ⇨ ....

❹ 다니엘, 제주도, 가다   ⇨ ....

연습 3 **이 사람은 지금 무엇을 하고 싶어 합니까? 그림을 보고 문장을 만드십시오.**
What does this person want to do? Look at the picture and make a sentence.

❶ <u>이 사람은 밥을 먹고 싶어 해요.</u>

❷ ....

❸ ....

❹ ....

연습 4 **잘 듣고 질문에 답하십시오.** Listen carefully and answer the questions.

❶ 리사는 방학에 무엇을 하고 싶어 해요?

⇨ ....

❷ 빌리는 방학에 무엇을 하고 싶어 해요?

⇨ ....

❸ 다니엘은 방학에 무엇을 하고 싶어 해요?

⇨ ....

 그림을 보고 문장을 완성하십시오. Look at the picture and complete the sentences.

오천만 원이 있습니다.
무엇을 하고 싶습니까?

❶ 빌리는 ....

❷ 리사는 ....

❸ 호세는 ....

❹ 다니엘은 ....

★저금을 하다: to save money, to deposit money

★돕다: to help

메모

16 명사 하고

준비   냉장고 안에 무엇이 있습니까? 이야기해 보십시오.

What kind of things are in the refrigerator? Talk about it with your friends.

설명

명사 하고

'하고'는 명사 뒤에 붙어 둘 이상의 대상이 나열됨을 나타낸다. '명사 하고 명사'의 형태로 사용한다.

'하고' means 'and' and is used when connecting two or more nouns.

- 교실에 선생님하고 학생이 있어요.
- 빵하고 우유를 먹어요.

'하고'는 어떤 일이나 동작을 같이 하는 사람을 나타낼 때도 쓰인다. 이때는 '명사 하고 같이 동작동사'의 형태로 사용하며 '같이'는 생략되어 나타나는 경우가 많다.

'하고' can also be used to mean 'with'. In this case, 'Noun 하고 같이' 'together with Noun' is frequently used, though '같이' can be omitted.

- 저는 친구하고 도서관에 가요.
- 제 친구는 매일 동생하고 운동해요.

🔑 '하고'와 같은 의미로 '(이)랑'과 '와/과'가 있다. (☞ 문법 36, 47)

To express the same meaning, '(이)랑' or '와/과' can be used. (☞ see Grammar 36, 47)

 문장을 완성하십시오. Complete the sentences.

〈보기〉 책상, 의자 ⇨ <u>책상하고 의자</u>이(가)있어요.

❶ 형, 누나 ⇨ _______________ 이/가 있어요.

❷ 지갑, 휴대 전화 ⇨ 가방에 _______________ 이/가 있어요.

❸ 옷 가게, 신발 가게 ⇨ 명동에 _______________ 이/가 많아요.

❹ 봄, 가을 ⇨ _______________ 을/를 좋아해요.

❺ 한국어, 한국 문화 ⇨ _______________ 을/를 배워요.

❻ 등산화, 배낭 ⇨ _______________ 을/를 사요.

❼ 김밥, 라면 ⇨ _______________ 을/를 먹어요.

❽ 부산, 제주도 ⇨ _______________ 에 가고 싶어요.

연습 2 알맞은 것을 연결하여 문장을 만드십시오.
Match the words correctly and then create a sentence using the words.

❶ 친구   •　　　　　　• 영화를 봐요

❷ 부모님   •　　　　　　• 자전거를 타요

❸ 선배   •　　　　　　• 게임을 해요

❹ 남자 친구/ 여자 친구   •　　　　　　• 등산을 가요

❺ 동생   •　　　　　　• 경복궁을 구경해요

❻ 우리 반 친구들   •　　　　　　• 커피를 마셔요

❶ <u>친구하고 자전거를 타요.</u>

❷ _______________

❸ _______________

❹ _______________

❺ _______________

❻ _______________

명사 에서

준비 **알맞은 것을 연결해 보십시오.** Match each of the following locations with the appropriate description.

❶ 영화관	•	㉮	일을 해요
❷ 식당	•	㉯	영화를 봐요
❸ 회사	•	㉰	커피를 마셔요
❹ 커피숍	•	㉱	밥을 먹어요

설명

┤ 명사 **에서** ├

'에서'는 장소를 나타내는 명사 뒤에 붙어 어떤 행동을 하는 장소를 말할 때 사용한다.

'에서' is a location particle. It marks a dynamic location in which an activity or action takes place. It is also used to mark the place of origin.

- 집에서 책을 읽습니다.
- 사무실에서 회의를 합니다.

🔑 '에서'는 출발점을 나타낼 때 사용하기도 한다. (☞ 문법 53)
'에서' is also used to mark the place of origin. (☞ Grammar 53)

연습 1 **문장을 완성하십시오.** Complete the sentences.

〈보기〉 공연장, 콘서트를 보다 ⇨ <u>공연장에서 콘서트를 봐요.</u>

❶ 백화점, 부모님 선물을 사다 ⇨ ....

❷ 미용실, 머리를 깎다 ⇨ ....

❸ 야구장, 야구 경기를 보다 ⇨ ....

❹ 은행, 돈을 찾다★ ⇨ ....

❺ 집 근처, 산책하다 ⇨ ....

❻ 놀이공원, 놀이 기구를 타다 ⇨ ....

★돈을 찾다: to withdraw money

 다음 장소에서 무엇을 하는지 이야기해 보십시오.
Talk about what you do in the following places.

〈보기〉 거실: 거실에서 텔레비전을 봐요.

방   거실   부엌   서재★   화장실

★서재: study room

 알맞은 것을 고르십시오. Choose the appropriate one.

〈보기〉 서울 (에, 에서) 차가 많습니다.

❶ 제 방(에, 에서) 책상이 있습니다.　　　　❷ 공항 근처(에, 에서) 호텔이 많습니다.

❸ 친구하고 영화관(에, 에서) 영화를 봅니다.　❹ 저는 아파트(에, 에서) 삽니다.

❺ 공원(에, 에서) 사진을 찍습니다.　　　　　❻ 부모님이 고향(에, 에서) 계십니다.

❼ 수영장(에, 에서) 수영을 배웁니다.　　　　❽ 헬스클럽★(에, 에서) 운동합니다.

★헬스클럽: gym, fitness club

18 고유어 수 (1)

준비 다음 숫자를 읽어 보십시오. Read the numbers.

1 2 3 4 5 6 7 8 9 10

설명

고유어 수 (1)

고유어 수는 한국어로 수를 읽는 방법으로 '하나(1), 둘(2), 셋(3), 넷(4), 다섯(5), 여섯(6), 일곱(7), 여덟(8), 아홉(9)'으로 읽는다. '10' 이상의 고유어 수는 '열(10), 열하나(11), 열둘(12), 스물(20), 서른(30), 마흔(40), 쉰(50), 예순(60), 일흔(70), 여든(80), 아흔(90)'이라고 읽고 '100' 이상의 수는 한자어 수로 읽는다.

Native Korean numbers 0 to 9 are read '하나 (one), 둘(two), 셋(three), 넷(four), 다섯(five), 여섯(six), 일곱(seven), 여덟(eight), 아홉(nine)'. Native Korean numbers from 10s to 99: '열(ten), 열하나(eleven), 열둘(twelve),......스물(twenty), 서른(thirty), 마흔(forty), 쉰(fifty), 예순(sixty), 일흔(seventy), 여든(eighty), 아흔(ninety)......아흔아홉(ninety-nine)'. For numbers 100 and over, Sino-Korean numbers are used.

- 27 – 스물일곱
- 79 – 일흔아홉

연습 1 다음 숫자를 읽고 따라 쓰십시오. Read and write the following numbers.

1	2	3	4	5	6	7	8	9	10
하나	둘	셋	넷	다섯	여섯	일곱	여덟	아홉	열
11	12	13	14	15	16	17	18	19	20
열하나	열둘	열셋	열넷	열다섯	열여섯	열일곱	열여덟	열아홉	스물
21	22	30	40	50	60	70	80	90	100
스물하나	스물둘	서른	마흔	쉰	예순	일흔	여든	아흔	백

 숫자를 읽으십시오. Read the numbers.

❶ 5　　　❷ 11　　　❸ 16　　　❹ 20　　　❺ 24

❻ 39　　　❼ 42　　　❽ 57　　　❾ 63　　　❿ 88

연습 3　숫자를 쓰십시오. Write the appropriate numbers.

❶ 여섯 ....　❷ 열둘 ....

❸ 열넷 ....　❹ 열아홉 ....

❺ 스물 ....　❻ 스물다섯 ....

❼ 서른셋 ....　❽ 서른일곱 ....

❾ 쉰 ....　❿ 일흔 ....

연습 4　잘 듣고 알맞은 숫자를 쓰십시오. Listen carefully and write appropriate numbers. 13

〈보기〉	21

❶ ....　❷ ....　❸ ....

❹ ....　❺ ....　❻ ....

메모

준비 그림을 보고 선생님이 무슨 말을 했을지 이야기해 보십시오.
Look at the picture and talk about what the teacher would have said.

설명

동작동사 (으)세요

'-(으)세요'는 동작동사 어간에 붙어 높임의 대상인 청자에게 어떤 일이나 동작을 할 것을 명령하거나 요청할 때 사용한다.
'-(으)세요' is an honorific polite sentence ending and is attached to a verb. It can be used to make a polite request or command.

- 창문을 닫으세요.
- 학교에 일찍 오세요.

동작동사 '먹다', '마시다'는 '드시다', '자다'는 '주무시다', '있다'는 '계시다'의 형태로 사용한다.
Some action verbs have their own honorific polite forms: '드시다' for '먹다' or '마시다' ('eat,' 'drink'); '주무시다' for '자다' ('sleep'); '계시다' for '있다' ('to exist').

- 맛있게 드세요.
- 안녕히 주무세요.

받침이 있는 동작동사에는 '-으세요'가 붙고 받침이 없는 동작동사에는 '-세요'가 붙는다.
After a consonant-ending verb stem, '-으세요' is used. After a vowel-ending verb stem, '-세요' is attached.

- 읽다 + 으세요 → 읽으세요
- 들어가다 + 세요 → 들어가세요

📍 공식적인 말하기에서는 '-(으)십시오'를 사용한다. (☞ 문법 44)
In formal settings, '-(으)십시오' can be used. (☞ see Grammar 44)

동작동사	−으세요	동작동사	−세요
읽다	읽으세요	가다	가세요
앉다		오다	
씻다		사다	
찾다		쓰다	
찍다		기다리다	
*먹다, 마시다		주다	
*있다		*자다	

연습2 대화를 완성하십시오. Complete the dialogues.

> ⟨보기⟩ 가: 지금 어디예요?
>
> 나: 서울역 1번 출구 앞이에요. 빨리 **오세요.** (오다)

❶ 가: 어디에 이름하고 전화번호를 써요?

 나: 여기에 .... (쓰다)

❷ 가: 생일 축하해요. 제 선물 .... (받다)

 나: 고마워요.

❸ 가: 오늘 너무 피곤해요.

 나: 일찍 집에 .... (가다)

❹ 가: 커피 한 잔 .... (주다)

 나: 잠깐만 .... (기다리다)

  문장을 완성하십시오. Complete the sentences.

<보기>

여기에 <u>앉으세요</u>.

❶ 손을 ____________________________________

❷ 사전을 ____________________________________

❸ 휴대폰을 ____________________________________

❹ 버스를 ____________________________________

연습4 잘 듣고 알맞은 그림을 찾아 번호(1-4)를 쓰십시오.

Listen carefully, choose the correct picture and write the number (1-4) for each dialogue.

❶ (   )

❷ (   )

❸ (   )

❹ (   )

20 명사 은/는 (2)

 빌리와 수지에 대해 이야기해 보십시오. Talk about Billy and Suji.

남자

미국 사람

학생

여자

한국 사람

회사원

설명

명사 은/는 (2)

'은/는'은 명사 뒤에 붙어 둘 이상의 대상이 서로 대조됨을 나타낸다.
Attached to nouns, '은/는' can be used to compare or contrast the nouns.

- 여름은 덥습니다. 겨울은 춥습니다.
- 우리 형은 회사원입니다. 저는 대학생입니다.

받침이 있는 명사에는 '은'이 붙고 받침이 없는 명사에는 '는'이 붙는다.
After a consonant-ending noun, '은' is attached. After a vowel-ending noun, '는' is used.

- 동생 + 은 → 동생은
- 학교 + 는 → 학교는

 두 단어를 골라 문장을 완성하십시오.
Choose two words and make sentences as shown in the example.

겨울   마트   미국   (빌리)   (왕밍)   여름   중국   백화점   야구공   축구공

〈보기〉   <u>빌리</u>은(는) 남자입니다.   <u>왕밍</u>은(는) 여자입니다.

❶ _______________ 은/는 덥습니다.   _______________ 은/는 춥습니다.

❷ _______________ 은/는 작습니다.   _______________ 은/는 큽니다.

❸ _______________ 은/는 쌉니다.   _______________ 은/는 비쌉니다.

❹ _______________ 은/는 한국에서 가깝습니다.   _______________ 은/는 한국에서 멉니다.

 빈칸을 채우고 이야기해 보십시오.
Complete the table below and talk about the sentences you made.

〈보기〉   남동생은 있습니다. 하지만★ 여동생은 없습니다.

남동생	있다	여동생	없다
	많다		적다
	크다		작다
	좋아하다		싫어하다
	맛있다		맛없다
	재미있다		재미없다
	쉽다		어렵다
	알다		모르다

★하지만: however, but

준비 무엇이 몇 개 있습니까? 이야기해 보십시오. How many are they? Talk about it with your friends.

  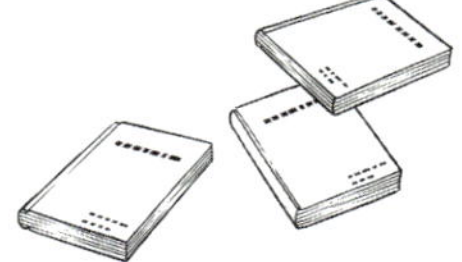 

설명

고유어 수 (2)

고유어 수는 사람이나 사물의 수를 나타내는 단위 명사 앞에서 사용하며 '사람(혹은 사물) → 개수 → 단위 명사' 순으로 쓴다.

When counting people or objects, native Korean numbers are used. The following word order is frequently used when counting: 'person/object + number + counter'.

- 사과 7개　　– 사과 일곱 개
- 외국인 5명　– 외국인 다섯 명

고유어 수에서 '하나(1), 둘(2), 셋(3), 넷(4)'은 단위 명사 앞에서 '한, 두, 세, 네'로 쓴다.

When '하나', '둘', '셋' or '넷' is followed by a noun/counter, their forms change to '한', '두', '세', '네', respectively.

- 자동차 1대　　– 자동차 한 대
- 학생 3명　　　– 학생 세 명
- 강아지 4마리　– 강아지 네 마리
- 12시　　　　　– 열두 시

시간을 말할 때에는 '두 시 오십이 분 삼십 초(2시 52분 30초)'와 같이 '고유어 수 시 한자어 수 분 한자어 수 초'로 읽는다. (☞ 문법 10)

When expressing the time in Korean, hours are read using the native Korean numbers while minutes and seconds are read using Sino-Korean numbers. (☞ see Grammar 10)

 몇 개입니까? 읽으십시오. How many are there? Count them.

한 개	두 개	세 개	네 개
다섯 개	열 개	열한 개	스무 개

 대화를 완성하십시오. Complete the dialogues.

〈보기〉

가: 펜이 몇 개 있어요?

나: <u>두 개</u> 있어요.

❶ 가: 열쇠가 몇 개 있어요?

나: .... 있어요.

❷ 가: 공이 몇 개 있어요?

나: .... 있어요.

❸ 가: 식탁 위에 컵이 몇 개 있어요?

나: .... 있어요.

❹ 가: 상자 안에 초콜릿이 몇 개 있어요?

나: .... 있어요.

   알맞은 것을 찾아 쓰십시오. Write the words in the appropriate counter category.

옷	구두	생선	신발	아이	양말
양복	우표	종이	친구	학생	한복
강아지	고양이	기차표	냉장고	자동차	자전거

❶ 아이

.... 한 명

❷

.... 두 마리

❸

.... 세 장

❹

.... 한 벌

❺

.... 두 켤레

❻

.... 세 대

연습 4   그림을 보고 이야기해 보십시오. Describe the picture below.

〈보기〉   거실에 강아지가 두 마리 있습니다.

연습 5 잘 듣고 맞는 그림을 찾으십시오. Listen and choose the right picture for each dialogue.

1. ❶ 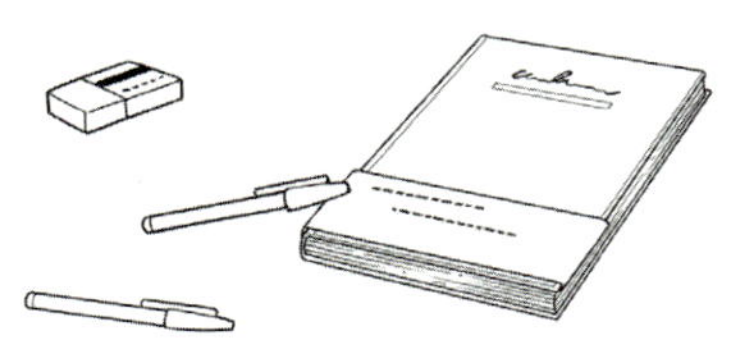 ❷ 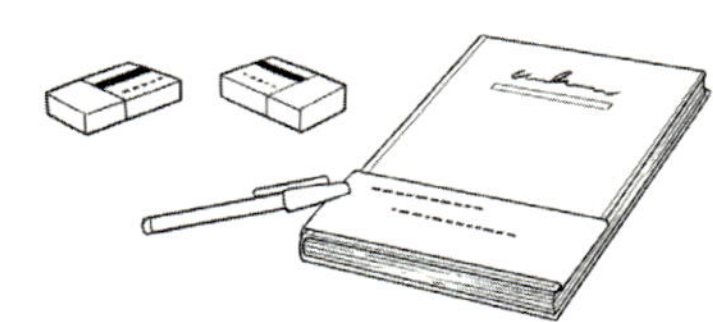

2. ❶ 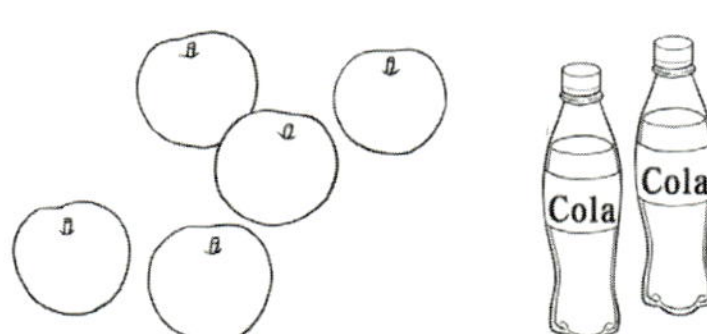 ❷ 

3. ❶  ❷ 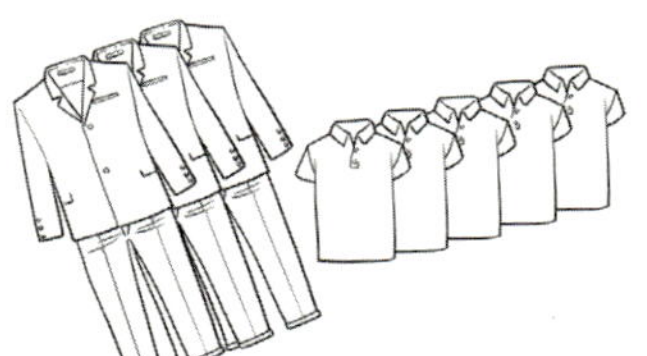

연습 6 알맞은 시간을 쓰십시오. Write the correct time.

❶ 

　　한　시

❷ 

　　시　　　분

❸ 

　　시　　　분

❹ 

　　시　　　분

　　시 반

❺ 

　　시　　　분

　　시　　　분 전

❻ 

　　시　　　분

　　시　　　분 전

연습7 잘 듣고 몇 시인지 쓰십시오. Listen carefully and write what time it is.

〈보기〉 6 : 30

❶ _______________ ❷ _______________ ❸ _______________

❹ _______________ ❺ _______________ ❻ _______________

메모

준비 다음 표지판을 보고 이야기해 보십시오. Talk about the following sign.

설명

명사 **(으)로 (1)**

'(으)로'는 장소나 방향을 나타내는 명사 뒤에 붙어 이동의 방향이나 목적지를 말할 때 사용한다.
Attached to a noun indicating location, '(으)로' expresses the meaning 'toward' (direction or destination).

- 오른쪽으로 가세요.
- 이번 여행은 프랑스로 가요.

받침이 있는 명사에는 '으로'가 붙고 받침이 없는 명사와 'ㄹ' 받침의 명사에는 '로'가 붙는다.
When the preceding noun ends in a consonant other than 'ㄹ', '으로' is used. After a vowel-ending noun or 'ㄹ' ending noun, '로' is used.

- 앞 + 으로 → 앞으로
- 제주도 + 로 → 제주도로
- 사무실 + 로 → 사무실로

🔑 '(으)로'는 수단이나 방법을 나타낼 때 사용하기도 한다. (☞ 문법 48)
'(으)로' can also be used to indicate a tool, instrument or method. (☞ see Grammar 48)

 빈칸을 채우십시오. Complete the table below.

명사	으로	명사	로
이쪽	이쪽으로	위	위로
왼쪽		뒤	
1층		지하★	
앞		프랑스	
밖		*화장실	
일본		*사무실	

★지하: basement

 알맞은 것을 고르십시오. Choose the appropriate one.

> 〈보기〉 가: 병원이 어디에 있어요?
>
> 나: 2층에 있어요. 2층(로/으로) 올라가세요.

❶ 가: 경복궁이 어디예요?

나: 이쪽(로/으로) 100미터쯤 가세요.

❷ 가: 여자 화장실이 어디에 있어요?

나: 3층에 있어요. 3층(로/으로) 가세요.

❸ 가: (따르릉) 빌리 씨, 지금 어디예요?

나: 2층에 있어요. 2층(로/으로) 올라오세요.

❹ 가: (따르릉) 선생님, 어디에 계세요?

나: 지금 사무실에 있어요. 사무실(로/으로) 오세요.

❺ 가: 이번 방학에 뭐 해요?

나: 부산(로/으로) 여행을 가요.

  대화를 완성하십시오. Complete the dialogues.

<보기>

가: 서울역이 어디에 있어요?

나: 이쪽에 있어요. **이쪽으로 가세요.**

| 가다 | 오다 | 내려가다 | 올라가다 |

❶

가: 이 근처에 은행이 있습니까?

나: 저쪽에 있어요. ____________________

❷

가: 주차장이 어디에 있습니까?

나: 지하에 있어요. ____________________

❸

가: 지금 어디에 계세요?

나: 제 사무실에 있어요. ____________________

❹

가: 영화관이 어디에 있습니까?

나: 영화관은 7층에 있어요. ____________________

연습 4 잘 듣고 알맞은 것을 찾아 번호(1-4)를 쓰십시오. 

Listen carefully, choose the correct one and write the number (1-4) for each dialogue.

❶

(　　)

❷

(　　)

❸

(　　)

❹

(　　)

준비　그림을 보고 이야기해 보십시오. Look at the picture and talk about it.

설명

명사 에

'에'는 시간을 나타내는 명사 뒤에 붙어 어떤 일이나 행위가 일어나는 시간을 말할 때 사용한다.
'에' is a time marker and attached to a noun indicating time. It is equivalent to English 'at, on, in'.

- 아침에 일찍 일어나요.
- 낮에 도서관에 가요.

명사 '오늘, 내일, 모레, 어저께/ 어제, 그저께/ 그제, 매일, 언제'는 '에'가 붙지 않는다.
'에' cannot be attached to the following words: 오늘(today), 내일(tomorrow), 모레(the day after tomorrow), 어저께/ 어제 (yesterday), 그저께/ 그제(the day before yesterday).

- 오늘 친구를 만나요.
- 매일 학교에 갑니다.

연습1 문장을 완성하십시오. Complete the sentences.

> 〈보기〉 아침, 빵을 먹다 ⇨ <u>아침에 빵을 먹어요.</u>

❶ 오후, 친구를 만나다 ⇨ ....

❷ 밤, 텔레비전을 보다 ⇨ ....

❸ 이번 주말, 부산에 가다 ⇨ ....

❹ 토요일, 데이트를 하다 ⇨ ....

❺ 12월 30일, 고향에 돌아가다 ⇨ ....

❻ 내년, 대학교에 입학하다 ⇨ ....

❼ 내일, 시험을 보다 ⇨ ....

❽ 매일, 공원에서 산책하다 ⇨ ....

연습2 대화를 완성하십시오. Complete the dialogues.

> 〈보기〉 가: 이번 주말에 뭐 해요?
>
> 나: <u>이번 주말에 고향 친구를 만나요.</u>

❶ 가: 아침에 무엇을 먹어요?

　나: ....

❷ 가: 점심에 어디에서 밥을 먹어요?

　나: ....

❸ 가: 오늘 저녁에 뭐 해요?

　나: ....

❹ 가: 방학에 뭐 해요?

　나: ....

❺ 가: 언제 숙제를 해요?

　　나:

❻ 가: 언제 고향에 돌아가요?

　　나:

  나만의 달력을 만들고 이야기해 보십시오. Make your own calender and talk about it.

> 〈보기〉　－ 내일 시험이 있어요.
>
> 　　　　　－ 이번 주말에 콘서트에 가요.
>
> 　　　　　－ ○월 ○일에 제주도에 가요.

일	월	화	수	목	금	토

준비 다음 그림을 보고 빈칸에 들어갈 알맞을 말을 생각해 보십시오.
Look at the pictures and think of the appropriate way to ask the question.

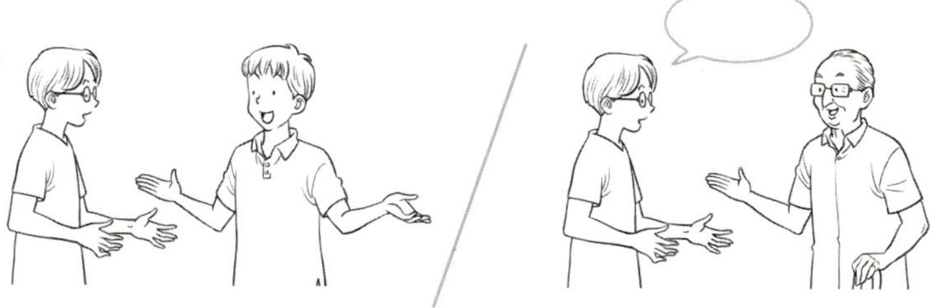

설명

동사 (으)세요?

'–(으)세요?'는 동사 어간에 붙어 높임의 대상인 청자(혹은 문장의 주어)에게 질문을 할 때 사용한다.

'–(으)세요?' is an honorific polite question ending. It is attached to a verb and used when asking a question in a polite way, particularly when the listener (or the subject of the sentence) is older than or superior to the speaker.

- 칸 씨, 언제 퇴근하세요?
- 아버지께서는 지금 뭘 하세요?

동작동사 '먹다', '마시다'는 '드시다', '자다'는 '주무시다', '있다'는 '계시다'의 형태로 사용한다.

Some action verbs have their own honorific polite forms: '드시다' for '먹다' or '마시다' ('eat,' 'drink'); '주무시다' for '자다' ('sleep'); '계시다' for '있다' ('to exist')

- 몇 시에 주무세요?
- 아버지께서는 어디에 계세요?

받침이 있는 동사에는 '–으세요?'가 붙고 받침이 없는 동사에는 '–세요?'가 붙는다.

After a consonant-ending verb stem, '–으세요' is attached. After a vowel-ending verb stem, '–세요' is used.

- 읽다 + 으세요? → 읽으세요?
- 들어가다 + 세요? → 들어가세요?

공식적인 말하기에서는 '–(으)십니까?'를 사용한다. '–(으)십니까?'는 '–ㅂ/습니까?'에 '–(으)시–'가 붙은 것으로 화자가 청자(혹은 문장의 주어)를 높일 때 사용한다. (☞ 문법 32)

In formal speech, '–(으)십니까?' is used. '–(으)십니까?' is a combination of '–(으)시–' (honorific suffix) and '–ㅂ/습니까?' (the formal polite sentence ending). (☞ see Grammar 32)

 빈칸을 채우십시오. Complete the table below.

동사	−으세요?	동사	−세요?
읽다	읽으세요?	가다	가세요?
입다		보다	
작다		예쁘다	
재미있다		아프다	
*먹다, 마시다		주다	
*있다		*자다	

연습 2 대화를 완성하십시오. Complete the dialogues.

> 〈보기〉 가: 한국 노래를 <u>좋아하세요?</u> (좋아하다)
>
> 나: 네, 한국 노래를 좋아해요.

❶ 가: 어디가 ________________________________ (아프다)

　 나: 머리가 아파요.

❷ 가: 어디에서 ________________________________ (쇼핑하다)

　 나: 주로 명동에서 쇼핑해요.

❸ 가: 무슨 음식을 ________________________________ (좋아하다)

　 나: 저는 한국 음식을 좋아해요.

❹ 가: 언제 고향에 ________________________________ (돌아가다)

　 나: 아직 잘 모르겠어요.

❺ 가: 손님, 무엇을 ________________________________ (찾다)

　 나: 한국어 사전을 사고 싶어요.

연습 3 친구와 묻고 대답해 보십시오. Ask and answer the following with your friends.

		리사	(	)	(	)
1	무슨 영화를 좋아하세요?	코미디				
2	어디에서 점심을 드세요?	학생 식당				
3	몇 시에 주무세요?	밤 11시				

준비 다음 그림을 보고 빈칸에 알맞은 말을 생각해 보십시오.
Look at the picture and think of the appropriate expression to fill in the blank.

설명

동사 **았/었**

'-았/었-'은 동사 어간에 붙어 문장에서 과거 시제를 나타내는 기능을 하며 어떤 상황이나 사건을 경험했거나 완료되었음을 말할 때 사용한다.
'-았/었-' is a past tense suffix. Attached to a verb stem, it indicates an action/state in the past or the completion of an action.

- 어제 친구를 만났어요.
- 사과를 다 먹었습니다.

모음 'ㅏ', 'ㅗ' 뒤에는 '-았-'이 붙고 그 외 모음 뒤에는 '-었-'이 붙는다. '하다'로 끝나는 경우에는 '-였-'이 붙어 '하였-'이 되고 이것이 줄어들어 '했-'이 된다.
When the last vowel of the verb stem is either 'ㅏ' or 'ㅗ', '-았-' is attached to the verb stem. When the last vowel of the verb stem is a vowel other than 'ㅏ' or 'ㅗ', '-었-' is attached. For '하다' ending verbs, '-였-' is attached making '하였-' which then becomes contracted to '했-'.

- 찾다 + 았어요 → 찾았어요
- 읽다 + 었어요 → 읽었어요
- 행복하다 + 였어요 → 행복하였어요 → 행복했어요

받침이 없이 모음 'ㅏ', 'ㅓ'로 끝나는 경우에는 '-았/었-'이 붙으면 동음 탈락이 일어나고 'ㅡ'로 끝나는 경우에는 'ㅡ' 탈락(☞ 문법 41)이 일어난다.
When the verb stem ends in 'ㅏ' or 'ㅓ', two repeated vowels are contracted to one such as '갔어요' (not '가았어요') and '섰어요'(not '서었어요'). When the verb stem ends in 'ㅡ', the vowel 'ㅡ' is dropped such as '썼어요' (not '쓰었어요'). (☞ see Grammar 41)

- 가다 + 았어요 → 갔어요
- 서다 + 었어요 → 섰어요
- 아프다 + 았어요 → 아팠어요
- 쓰다 + 었어요 → 썼어요

받침이 없이 'ㅣ', 'ㅗ', 'ㅜ' 로 끝나는 경우에는 '-았/었-'이 붙으면 축약된다.
Vowel contraction also occurs when '-았/었-' is attached to the verb stem ending in 'ㅣ', 'ㅗ', 'ㅜ'.

- 기다리다 + 었어요 → 기다렸어요
- 오다 + 았어요 → 왔어요
- 배우다 + 었어요 → 배웠어요

💡 '-았/었-' 뒤에는 '-아요/어요'로 구분하지 않고 '-어요'로만 쓴다.
The '-어요' ending is attached after '-았/었-'.

연습1 빈칸을 채우십시오. Complete the table below.

동사	-았습니다	동사	-었습니다	동사	-했습니다
찾다	**찾았습니다**	먹다	**먹었습니다**	공부하다	**공부했습니다**
놀다		적다		이야기하다	
많다		있다		일하다	
좋다		웃다		운동하다	
가다		쉬다		친절하다	
만나다		주다		깨끗하다	
오다		배우다		사랑하다	
보다		마시다		질문하다	

연습2 문장을 완성하십시오. Complete the sentences.

〈보기〉 오늘 저녁에 친구를 만나요. ⇨ 어제 저녁에 **친구를 만났어요.**

❶ 오늘 밤에 영화를 봐요.　　⇨　어젯밤에 _______________

❷ 내일 남산에 가요.　　⇨　그저께 _______________

❸ 이번 주말에 야구장에 가요.　⇨　지난 주말에 _______________

❹ 다음 달에 이사를 해요.　　⇨　지난달에 _______________

❺ 내년에 대학교에 입학해요.　⇨　작년에 _______________

❻ 오늘 날씨가 좋아요.　　　⇨　어제 ....

❼ 제 동생은 운동선수예요.　　⇨　..

연습 3　알맞은 것을 골라 글을 완성하십시오. Choose the appropriate words and complete the text.

| 먹다 | 보다 | 만나다 | 맛있다 | 재미있다 |

O월 O일 날씨: 맑음

오늘 명동에서 친구를 .... 친구하고 같이 영화를 .... 영화가 아주 .... 저녁에는 한식당에서 불고기를 .... 아주 ....

연습 4　대화를 완성하십시오. Complete the dialogues.

〈보기〉　가: 어제 무슨 영화를 봤어요?
　　　　나: 한국 영화를 봤어요.

❶ 가: 어제 몇 시에 집에 갔어요?

　나: ....

❷ 가: 지난 주말에 뭐 했어요?

　나: ....

❸ 가: 언제 한국에 왔어요?

　나: ....

❹ 가: 동대문 시장에서 무엇을 샀어요?

　나: ....

❺ 가: 드라마가 재미있었어요?

　나: ....

26 　명사 부터 　명사 까지

 텔레비전에서 무엇을 합니까? 이야기해 보십시오. What programs are on TV? Talk about it.

시간	9:00 pm		10:00 pm		11:00 pm
프로그램		9 : 00 KHU 뉴스	10 : 00 드라마	10 : 50 스포츠 뉴스	11 : 00 토크쇼

설명

　명사 부터 　명사 까지

'부터'와 '까지'는 시간을 나타내는 명사 뒤에 붙어 어떤 일이나 사건의 기간을 나타낸다. 문장에서 '부터'와 '까지' 중 하나만 선택해서 사용할 수 있다. '부터'만 나타나면 어떤 일이나 사건이 일어나는 시간의 시작을 의미하고 '까지'만 나타나면 어떤 일이나 사건이 일어나는 시간의 끝을 의미한다.

Attached to nouns indicating time, '부터' and '까지' mean 'from' and 'to'. The two don't have to co-occur together. One of them alone can be used. '부터' indicates the starting point of the time period, whereas '까지' indicates the ending point of the time.

- 아침 9시부터 오후 1시까지 한국어 수업이 있습니다.
- 12시부터 점심시간입니다.
- 8시까지 사무실로 오세요.

🔑 장소의 처음과 끝을 나타낼 때는 '　명사 에서 　명사 까지'를 사용한다. (☞ 문법 53)
To indicate the starting and ending points of the location, '에서' and '까지' are used. (☞ see Grammar 53)

 문장을 완성하십시오. Complete the sentences.

〈보기〉 4월 1일~6월 8일

<u>4월 1일부터 6월 8일까지</u> 공연이 있어요.

❶ 9월 18일 ______________ 9월 20일 ______________ 추석 연휴★예요.

❷ ______________________________ 백화점 세일을 해요.

❸ ______________________________ 점심시간이에요.

❹ ______________________________ 경주로 여행을 가요.

★연휴: holidays

연습 2 대화를 완성하십시오. Complete the dialogues.

〈보기〉 가: 휴가가 언제예요?

나: <u>7월 30일부터 8월 6일까지예요.</u>

❶ 가: 몇 시부터 몇 시까지 한국어 수업이 있어요?

나: ______________________________

❷ 가: 몇 시부터 몇 시까지 점심시간이에요?

나: ______________________________

❸ 가: 어제 몇 시부터 몇 시까지 숙제를 했어요?

나: ______________________________

❹ 가: 방학이 언제예요?

나: ______________________________

> 〈보기〉 가: 언제부터 태권도를 배웠어요?
>
> 나: <u>작년부터 태권도를 배웠어요.</u>

❶ 가: 언제부터 한국에 살았어요?

　나: ....

❷ 가: 그 드라마는 몇 시부터 시작해요?

　나: ....

❸ 가: 몇 시까지 학교에 와요?

　나: ....

❹ 가: 언제까지 한국어를 공부해요?

　나: ....

메모

준비 그림을 보고 ✔를 하십시오. Look at the picture and mark ✔ to the correct answer.

빌리가 지금 책을 읽어요?

☐ 네　　　☐ 아니요

설명

안 동사

'안'은 부정 표현으로 동사 앞에 쓰여 서술형 문장과 의문형 문장에서 부정문을 만든다. 주로 구어에서 사용한다.

By adding '안'(not) before a verb, you can make negative sentences. It is mostly used in colloquial speech.

가: 지금 비가 와요?

나: 아니요, 비가 안 와요.

'명사 + 하다'형 동사에서는 명사와 '하다' 사이에 '안'이 놓인다.

When the verb is a combination of 'Noun + 하다' (such as '운동하다' and '공부하다'), the negative marker '안' is placed between the noun and '하다'.

가: 어제 운동했어요?

나: 아니요, 운동 안 했어요.

🔑 '못'을 사용하여 부정문을 만들 수 있다. (☞ 문법 55)
The negative '못' means 'cannot'. (☞ see Grammar 55)

 빈칸을 채우십시오. Complete the table below.

동사	안 동사	동사	명사 안 하다
먹다	안 먹어요	공부하다	공부 안 해요
가다		운동하다	
피곤하다		전화하다	
좋아하다		청소하다	

연습 2 잘 듣고 맞는 그림에 ✔를 하십시오.
Listen carefully and mark ✔ to the correct picture.

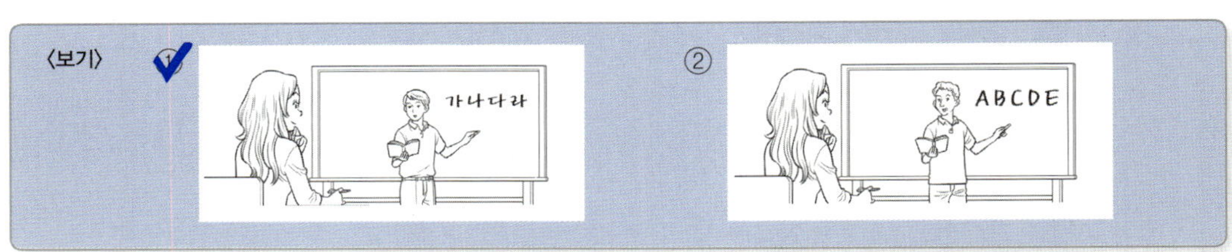

1. ❶  ❷ 

2. ❶ 

❷ 

3. ❶  ❷ 

4. ❶  ❷ 

연습 3 다음 문장을 바꾸십시오. Change the following sentences as shown in the example.

<보기> 저는 아침에 밥을 먹어요. ⇨ **저는 아침에 밥을 안 먹어요.**

❶ 커피를 마셔요.　　　　　⇨ ....

❷ 배가 고파요.　　　　　　⇨ ....

❸ 매일 운동해요.　　　　　⇨ ....

❹ 주말에 청소했어요.　　　⇨ ....

연습 4 대화를 완성하십시오. Complete the dialogues.

<보기> 가: 리사 씨, 지금 비가 와요?
　　　　나: 아니요, **지금 비가 안 와요.**

❶ 가: 중국어를 배웁니까?

　나: 아니요, ...

❷ 가: 라면을 좋아하세요?

　나: 아니요, ...

❸ 가: 어제 숙제했어요?

　나: 아니요, ...

❹ 가: 한국 친구가 있습니까?

　나: 아니요, ...

❺ 가: 선생님 전화번호를 알아요?

　나: 아니요, ...

🔑 '있다, 없다', '알다, 모르다'와 같이 반의어가 있는 경우 '안'을 사용하지 않고 반의어를 사용한다.

Some verbs do not use '안' for the negative but have their own negative counterparts such as '있다, 없다' 'to exist, to not exist' and '알다, 모르다' 'to know, to not know'.

28 동사 지 않다

 알맞은 것에 ◯를 하십시오. Circle the appropriate one.

칸 씨는 회사원입니다. (대학생입니다, 대학생이 아닙니다).

가족은 모두 인도에 있습니다. 한국에 (있습니다, 없습니다).

설명

동사 지 않다

'–지 않다'는 부정 표현으로 동사 어간에 붙어 서술형 문장과 의문형 문장에서 부정문을 만든다. '–지 않다'는 '안'에 비해 문어적이다.

To form negative sentences in Korean, you can use either '안' or '–지 않다'. '–지 않다' is attached to a verb stem. Compared to '안', '–지 않다' is more frequently used in written language.

- 운동장에 사람이 많지 않습니다.
- 도서관에 가지 않습니다.

🔑 '–지 못하다'를 사용하여 부정문을 만들 수 있다. (☞ 문법 56)
Also refer to the '–지 못하다' negation. (☞ see Grammar 56)

연습 1 다음 문장을 바꾸십시오. Change the following sentences as shown in the example.

〈보기〉 아침에 밥을 먹습니다. ⇨ <u>아침에 밥을 먹지 않습니다.</u>

❶ 비가 옵니다. ⇨ ....

❷ 커피를 마십니다. ⇨ ....

❸ 일요일에 문을 닫습니다. ⇨ ....

❹ 시장에 사람이 많았습니다. ⇨ ....

  그림을 보고 문장을 완성하십시오. Look at the picture and complete the sentences.

〈보기〉

저는 커피를 **좋아하지 않습니다.** (좋아하다)

❶ 빌리는 버스를 탑니다.

지하철을 _________________________ (타다)

❷ 이민호 선생님은 한국어를 가르칩니다.

중국어를 _________________________ (가르치다)

❸ 리사는 저녁에 공부합니다.

텔레비전을 _________________________ (보다)

❹ 다니엘은 키가 _________________________ (작다)

리사는 키가 _________________________ (크다)

연습 3 알맞은 단어를 골라 '-지 않다'를 사용해서 문장을 완성하십시오.
Choose the appropriate word and complete the sentence using '-지 않다'.

가다   늦다   많다   고프다   피우다

〈보기〉   일요일에 회사에 **가지 않습니다.**

❶ 방학에는 도서관에 사람이 _________________________

❷ 크리스는 점심을 많이 먹었습니다. 그래서 배가 _________________________

❸ 칼리드는 담배를 _________________________

❹ 칸은 택시를 탔습니다. 그래서 회사에 _________________________

29 명사 도

여기는 커피숍입니다. 사람들이 무엇을 합니까?
Here is a coffee shop. What do people do in a coffee shop?

명사 도

   '도'는 명사 뒤에 붙어 명사를 나열하거나 그 명사가 어떤 것에 포함되거나 더함을 말할 때 사용한다.

'도' is attached to a noun and expresses the meaning 'also, too, or and'. It can be used twice or more, after two or more nouns.

- 점심에 밥도 먹고 빵도 먹었어요.
- 가방에 책이 있어요. 연필도 있어요.

   문장에서 주어, 목적어 뒤에 '도'가 붙으면 '은/는', '이/가', '을/를'은 쓰지 않는다. 그러나 '에', '에서', '(으)로'의 경우에는 '에도', '에서도', '(으)로도'처럼 쓴다.

When '도' is attached to the topic, subject or object of the sentence, it replaces the topic particle '은/는', subject particle '이/가' and object particle '을/를'. That is, '도' cannot be attached to a topic particle, subject particle, or object particle. However, it can be attached to a location or direction particle('에', '에서', '(으)로') such as '에도', '에서도', and '(으)로도'.

- 빌리가 도서관에 가요. 리사도 도서관에 가요.
- 다니엘은 한국어를 해요. 영어도 해요.
- 아침에 운동을 해요. 저녁에도 운동을 해요.
- 교실에서 책을 읽었어요. 방에서도 책을 읽었어요.

 그림을 보고 문장을 완성하십시오.
Look at the picture and complete the sentences.

〈보기〉 __개__ 이/가 있어요. **고양이**도 있어요.

❶ ________________ 이/가 있어요. ________________ 도 있어요.

❷ ________________ 이/가 없어요. ________________ 도 없어요.

❸ ________________ 이/가 많아요. ________________ 도 많아요.

❹ ________________ 이/가 자전거를 타요. ________________ 도 자전거를 타요.

❺ 안나가 ________________ 을/를 먹어요. ________________ 도 마셔요.

연습 2   대화를 완성하십시오. Complete the dialogues.

> 〈보기〉   빌리: 책상 위에 무엇이 있어요?
>
>   리사: **책이 있어요. 공책도 있어요.** (책, 공책)

❶ 가: 방에 무엇이 있어요?

   나: ______________________________ (침대, 책상)

❷ 가: 공원에 무엇이 많아요?

   나: ______________________________ (꽃, 나무)

❸ 가: 도서관에서 무엇을 읽어요?

   나: ______________________________ (책, 잡지)

❹ 가: 슈퍼마켓에서 무엇을 사요?

   나: ______________________________ (우유, 주스)

❺ 가: 무슨 음식을 좋아하세요?

   나: ______________________________

연습 3   다음 그림을 보고 질문에 답하십시오. Look at the picture and answer the questions.

<보기>　　가: 누가 책을 읽어요?

　　　　나: 빌리가 책을 읽어요. **올가도 책을 읽어요.**

❶ 가: 누가 텔레비전을 봅니까?

　나: 왕밍이 텔레비전을 봅니다. ____________________

❷ 가: 누가 이야기를 해요?

　나: 호세가 이야기를 해요. ____________________

❸ 가: 누가 과자를 먹어요?

　나: 나타폰이 과자를 먹어요. ____________________

메모

30 의문사

 알맞은 것을 연결해 보십시오. Match the words correctly.

❶ 언제	————————	㉮	토요일
❷ 어디	•	㉯	친구
❸ 누구	•	㉰	한강

설명

의문사

의문사는 모르는 정보를 물을 때 쓰는 말로 '누구, 무엇, 어디, 언제, 왜' 등이 있다.
Among the wh- question words in Korean are '누구(who), 무엇(what), 어디(where), 언제(when), and 왜(why)'.

- 이 식당은 무엇이 맛있어요?
- 휴일에 어디에 갈 거예요?

의문사 '누구'에 '이/가'가 붙어 사용될 때는 '누구가'로 쓰지 않고 '누가'로 쓴다. 또한 '무슨, 어떤, 어느'와 같은 의문사는 수식하는 명사를 필요로 한다.
When '누구' is followed by a subject particle, its form changes to '누가' (not '누구가'). The following wh-question words are followed by a noun: '무슨', '어떤', '어느'.

- 누가 교실을 청소했어요?
- 무슨 책을 읽어요?
- 어떤 음식을 좋아해요?
- 어느 것이 더 좋아요?

 대화를 완성하십시오. Complete the dialogues.

> 〈보기〉　가: 언제 콘서트에 가요? (이번 주 토요일)
>
> 　　　　나: **이번 주 토요일에** 콘서트에 가요.

❶ 가: 저 사람이 누구예요? (제 동생)

　나: ＿＿＿＿＿＿＿＿＿＿＿＿＿ 이에요/예요.

❷ 가: 어디에서 운동화를 사요? (백화점)

　나: ＿＿＿＿＿＿＿＿＿＿＿＿＿ 에서 운동화를 사요.

❸ 가: 인사동에 어떻게 가요? (지하철)

　나: ＿＿＿＿＿＿＿＿＿＿＿＿＿ 을 타세요.

❹ 가: 언제 여행을 가요? (다음 방학)

　나: ＿＿＿＿＿＿＿＿＿＿＿＿＿ 에 여행을 가요.

 알맞은 것을 고르십시오. Choose the appropriate one.

> 〈보기〉　가: (누구, 누가) 미국 사람입니까?
>
> 　　　　나: 빌리가 미국 사람입니다.

❶ 가: (어느, 어디) 나라에서 왔어요?

　나: 프랑스에서 왔어요.

❷ 가: (무엇, 무슨) 음식을 자주 드세요?

　나: 한국 음식을 자주 먹어요.

❸ 가: 주말에 (무엇, 뭘) 하세요?

　나: 남산으로 등산을 가요.

❹ 가: 집이 (어느, 어디)예요?

　나: 우리 집은 회사 근처예요.

❺ 가: 빌리 친구가 (누가, 누구)예요?

　나: 저 사람이 제 친구예요.

 대화를 완성하십시오. Complete the dialogues.

> 〈보기〉　가: 언제 친구를 만나요?
> 　　　　나: <u>오늘 저녁에 만나요.</u>

❶ 가: 누구하고 영화를 봐요?

　나: ……………………………………………………………………………

❷ 가: 어디에서 친구를 만나요?

　나: ……………………………………………………………………………

❸ 가: 무슨 계절을 좋아해요?

　나: ……………………………………………………………………………

❹ 가: 가족이 몇 명이에요?

　나: ……………………………………………………………………………

❺ 가: 오늘 저녁에 뭘 먹고 싶어요?

　나: ……………………………………………………………………………

연습 4　친구와 묻고 대답해 보십시오. Ask and answer the following with your friends.

		( )	( )
1	고향이 어디예요?		
2	생일이 언제예요?		
3	이메일 주소가 뭐예요?		
4	누구하고 점심을 먹어요?		
5	어디에서 숙제해요?		
6	……………………		
7	……………………		

31 동작동사 (으)ㄹ 거예요 (1)

준비 어떻게 이야기합니까? 그림을 보고 맞는 것을 고르십시오.
What is the appropriate expression? Look at the picture and choose the correct one.

호세는 매일 아침 운동을 해요.

어제 아침에 운동을 (했어요/ 해요).

지금도 운동을 (했어요/ 해요).

내일 아침에도 운동을 (했어요/ 해요/ 할 거예요).

설명

동작동사 (으)ㄹ 거예요 (1)

‘-(으)ㄹ 거예요’는 동작동사 어간에 붙어 미래의 일이나 계획을 나타낸다.
‘-(으)ㄹ 거예요’ is a sentence ending expressing the probable future. When it is attached to an action verb, it indicates a future event or plan.

- 은행에서 돈을 찾을 거예요.
- 가: 이번 주말에 뭐 할 거예요?

  나: 쇼핑할 거예요.

받침이 있는 동작동사에는 ‘-을 거예요’가 붙고 받침이 없는 동작동사에는 ‘-ㄹ 거예요’가 붙는다.
After a consonant-ending verb stem, ‘-을 거예요’ is used. After a vowel-ending verb stem, ‘-ㄹ 거예요’ is attached.

- 먹다 + 을 거예요 → 먹을 거예요
- 가다 + ㄹ 거예요 → 갈 거예요

♀ ‘-(으)ㄹ 거예요’는 화자의 추측을 나타낼 때 사용하기도 한다. (☞ 문법 40)
‘-(으)ㄹ 거예요’ is also used to express probability or the speaker's conjecture. (☞ see Grammar 40)

연습1   빈칸을 채우십시오. Complete the table below.

동작동사	–을 거예요	동작동사	–ㄹ 거예요
먹다	먹을 거예요	가다	갈 거예요
읽다		보다	
씻다		공부하다	
찾다		*놀다	

* '을' 받침 동사는 '–ㄹ 거예요'로 활용한다. When the verb stem ends in 'ㄹ', '–ㄹ 거예요' is used.

연습2   친구와 함께 이야기해 보십시오. Make a conversation with your friend using the following.

> 〈보기〉   쇼핑하다
>
> 가: 주말에 쇼핑할 거예요?
>
> 나: 네, 주말에 쇼핑할 거예요. / 아니요, 쇼핑 안 할 거예요.

❶ 친구를 만나다

❷ 도서관에서 공부하다

❸ 데이트를 하다

❹ 집에서 쉬다

❺ 영화를 보다

❻ 운동하다

❼ 책을 읽다

❽ 친구하고 놀다

 친구에게 계획을 묻고 친구의 대답을 쓰십시오.
Ask about your friend's plans and fill in the chart below.

〈보기〉　빌리: 오후에 뭐 할 거예요?

　　　　리사: 친구를 만날 거예요.

1	오후	리사	친구를 만날 거예요.
2	내일		
3	주말		
4	이번 주 토요일		
5	방학		
6	내년		

메모

-아/어요	빌리는 <u>지금</u> 사과를 먹어요.	**-았/었어요**	리사는 <u>어제</u> 점심을 먹었어요.
	*저는 매일 아침을 먹어요. 다니엘이 담배를 피워요.	**-(으)ㄹ 거예요**	<u>내일</u> 아침에 밥을 먹을 거예요.

🔑 습관적으로 반복되는 사실은 현재형 '-아/어요'로 표현한다.
The present tense ending '-아/어요' is used to indicate facts or actions that occur habitually or repeatedly.

❶ 칼리드는 <u>매일</u> 부모님하고 _______________ (전화하다)

❷ 호세는 <u>매일</u> 운동장에서 _______________ (축구하다)

❸ 다니엘은 <u>매일 아침</u> 커피를 _______________ (마시다)

❹ 빌리는 <u>매일 아침</u> _______________ (샤워하다)

❺ 왕밍은 <u>어젯밤</u>에 책을 _______________ (읽다)

❻ 리사는 <u>지난 주말</u>에 _______________ (쇼핑하다)

❼ 올가는 <u>지난주 토요일</u>에 고향 친구를 _______________ (만나다)

❽ 다니엘은 <u>어제</u> 학교에 _______________ (오지 않다)

❾ <u>내일 저녁</u>에 공원에서 _______________ (산책하다)

❿ <u>다음 주말</u>에 제 남동생이 한국에 _______________ (오다)

⓫ <u>이번 주 일요일</u>에 친구하고 영화를 _______________ (보다)

⓬ <u>오늘 저녁</u>에 친구들이 우리 집에 _______________ (오다) 그래서 <u>어제</u> 시장에서 고기하고 야채를 _______________ (사다) 저는 <u>지금</u> 고향 음식을 _______________ (만들다)

⓭ 해는 동쪽★에서 _______________ (뜨다)★

⓮ 지구★는 _______________ (둥글다)★

⓯ <u>일요일</u>에는 학교에 _______________ (가지 않다)

⓰ <u>매일</u> 누구하고 _______________ ? (전화하다)

⓱ <u>보통</u> 몇 시에 _______________ ? (일어나다)

⓲ 우리 반에서 누가 커피를 _______________ ? (안 마시다)

⓳ <u>어제</u> 어디에서 _______________ ? (공부하다)

⓴ <u>내일</u> 누구하고 점심을 _______________ ? (먹다)

★동쪽: the east
★뜨다: to rise
★지구: the earth
★둥글다: to be round

*보편적 진리는 현재형 '-아/어요'로 표현한다.
The present tense ending '-아/어요' is used to express facts or general truths.

 아이는 무엇을 잘못했습니까? 그림을 보고 이야기해 보십시오.
What did the boy say incorrectly? Talk about it.

명사 께서 동사 (으)십니다

'께서'는 '이/가'의 높임 표현이다. '-(으)십니다'는 동사 어간에 붙어 높임의 대상인 주어의 동작이나 상태를 서술하는 기능을 하며 주로 공식적인 말하기에서 사용한다.

'께서' is the honorific form of '이/가'. The '-(으)십니다' ending, which is an honorific formal polite ending attached to a verb stem, is used to elevate the subject of the sentence. It is mostly used in formal speech.

- 할아버지께서 신문을 읽으십니다.
- 부모님께서 여행을 가십니다.

동작동사 '먹다', '마시다'는 '드시다', '자다'는 '주무시다', '있다'는 '계시다'의 형태로 사용한다.

Some action verbs have their own honorific polite forms: '드시다' for '먹다' or '마시다' ('eat,' 'drink'), '주무시다' for '자다' ('sleep'), '계시다' for '있다' ('to exist')

- 어머니께서 물을 드십니다.
- 할아버지께서 방에서 주무십니다.

받침이 있는 동사에는 '-으십니다'가 붙고 받침이 없는 동사에는 '-십니다'가 붙는다.

When the verb stem ends in a consonant, '-으십니다' is used. When the verb stem ends in a vowel, '-십니다' is used.

- 찾다 + 으십니다 → 찾으십니다
- 예쁘다 + 십니다 → 예쁘십니다

비공식적인 말하기에서는 '할아버지께서는 신문을 읽으세요.'와 같이 '-(으)세요'를 사용한다.

In informal and casual speech, '-(으)세요' is used instead such as '할아버지께서 신문을 읽으세요'(My grandfather is reading the newspaper).

연습 1 다음 중 '께서'를 사용해서 이야기하는 사람을 모두 고르십시오.

Choose all people to whom you need to use '께서'.

| 손님 | 아들 | 친구 | 남동생 | 사장님 |
| 선생님 | 아버지 | 어머니 | 할머니 | 할아버지 |

연습 2 빈칸을 채우십시오. Complete the table below.

동사	-(으)시다	-(으)십니다
읽다	읽으시다	읽으십니다
가다	가시다	
멋있다	멋있으시다	
친절하다	친절하시다	
*먹다, 마시다	드시다	
*자다	주무시다	
*있다	계시다	
*없다	안 계시다	

   '께서 –(으)십니다'를 사용해서 문장을 만드십시오. Make sentences using '께서 –(으)십니다'.

<보기>   할아버지, 책을 읽다 ⇨ 할아버지께서 책을 읽으십니다.

❶ 선생님, 한국어를 가르치다   ⇨ ....

❷ 사장님, 신문을 읽다   ⇨ ....

❸ 어머니, 이메일을 보내다   ⇨ ....

❹ 할머니, 아침을 먹다   ⇨ ....

❺ 선생님, 커피를 마시다   ⇨ ....

❻ 아버지, 자다   ⇨ ....

❼ 외할머니, 있다   ⇨ ....

❽ 외할아버지, 없다   ⇨ ....

   알맞은 것을 골라 글을 완성하십시오. Choose the appropriate one and complete the text.

<보기>   어머니(가/ 께서) 시장에 (갑니다/ 가십니다).
       저도 (갑니다/ 가십니다).

　　제 이름은 빌리(입니다/ 이십니다). 저는 한국에서 한국어를 (공부합니다/ 공부하십니다).
우리 부모님(은/ 께서는) 미국에 (있습니다/ 계십니다). 다음 주에 부모님(이/ 께서) 한국에
(옵니다/ 오십니다). 동생도 (옵니다/ 오십니다). 어제 어머니(가/ 께서) 전화를 (했습니다/ 하
셨습니다). 우리는 이야기를 많이 (했습니다/ 하셨습니다).

준비　리사는 다른 사람과 무엇이 다릅니까? 이야기해 보십시오.
How is Lisa different from the others?

설명

명사 **만**

'만'은 명사 뒤에 붙어 다른 것은 없고 오직 그것뿐임을 나타낸다.
'만' is a particle meaning 'only'. It can be attached to a noun.

- 지금 집에 동생만 있어요.
- 저는 아침에 빵만 먹어요.

문장에서 주어, 목적어 뒤에 '만'이 붙으면 '은/는', '이/가', '을/를'은 쓰지 않는다. 그러나 '에', '에서', '(으)로'의 경우에는 '에만', '에서만' '(으)로만'처럼 쓴다.
When '만' is attached to the topic, subject, or object of the sentence, it replaces the topic particle '은/는', subject particle '이/가' and object particle '을/를'. However, it can be attached to a location or direction particle ('에', '에서', '(으)로') such as '에만', '에서만', and '(으)로만'.

- 빌리는 도서관에 안 가요. 리사만 도서관에 가요.
- 다니엘은 한국어만 해요. 영어는 못 해요.
- 화요일에만 태권도 수업이 있어요.
- 도서관에서만 공부를 해요.

  문장을 완성하십시오. Complete the sentences.

> 〈보기〉 저는 남동생이 없어요. ⇨ **여동생만 있어요.** (여동생)

❶ 책상 위에 컴퓨터가 없어요. ______________________ (책)

❷ 저는 수영은 배우지 않아요. ______________________ (요가)

❸ 사무실에서 영어를 사용하지 않아요. ______________________ (한국어)

❹ 친구하고 저녁은 먹지 않았어요. ______________________ (영화)

연습 2 잘 듣고 맞는 것에 ✔를 하십시오. Listen carefully and mark ✔ to the correct one. 

1. ❶  ❷ 

2. ❶  ❷ 

3. ❶  ❷ 

준비　빌리는 무슨 말을 합니까? What does Billy say?

설명

동작동사 (으)ㄹ까요? (1)

　'-(으)ㄹ까요?'는 동작동사 어간에 붙어 청자의 의견을 물을 때 사용한다. 주어가 1인칭 단수인 경우에는 화자의 행동에 대해, 주어가 1인칭 복수인 경우에는 함께 하는 것에 대해 청자의 의견을 물을 때 사용한다.

'-(으)ㄹ까요?' is a question ending used to ask the listener's opinion. It can be attached to a verb stem. If the subject is first person singular, it means 'Shall I …?' If the subject is first person plural, it means 'Shall we….?'.

- 제가 창문을 닫을까요?
- 내일 (우리) 같이 쇼핑할까요?

　받침이 있는 동작동사에는 '-을까요?'가 붙고 받침이 없는 동작동사에는 '-ㄹ까요?'가 붙는다.

After a consonant-ending verb stem, '-을까요?' is used. After a vowel-ending verb stem, '-ㄹ까요?' is used.

- 먹다 + 을까요? → 먹을까요?
- 가다 + ㄹ까요? → 갈까요?

　'-(으)ㄹ까요?'는 어떤 일이나 상황에 대한 청자의 예측을 물을 때 사용하기도 한다.

'-(으)ㄹ까요?' can also be used to ask about the listener's speculation or conjecture.

연습 1 빈칸을 채우십시오. Complete the table below.

동작동사	–을까요?	동작동사	–ㄹ까요?
먹다	먹을까요?	가다	갈까요?
찍다		보다	
읽다		만나다	
앉다		공부하다	
닫다		*놀다	

* 'ㄹ' 받침 동사는 '–ㄹ까요?'로 활용한다.
When the verb stem ends in 'ㄹ', '–ㄹ까요?' is used.

연습 2 대화를 완성하십시오. Complete the dialogues.

> 〈보기〉 　 가: 배가 고파요.
>
> 　　　　 나: 식당에 **갈까요?**

❶ 가: 주말에 영화를 보고 싶어요.

　 나: 같이 영화를 ＿＿＿＿＿＿＿＿＿＿?

❷ 가: 내일이 빌리 생일이에요.

　 나: 생일 선물을 ＿＿＿＿＿＿＿＿＿?

❸ 가: 다음 주에 한국어 시험이 있어요.

　 나: 같이 도서관에서 ＿＿＿＿＿＿＿＿＿?

❹ 가: 숙제가 많아요. 그런데 너무 졸려요.

　 나: 저도 졸려요★. 커피를 ＿＿＿＿＿＿＿＿?　　　　　★졸리다: be sleepy

 리사는 무슨 말을 합니까? What does Lisa say?

설명

┤ 동작동사 **(으)ㅂ시다** ├

'-(으)ㅂ시다'는 동작동사 어간에 붙어 청자에게 어떤 행동을 함께 할 것을 제안할 때 사용한다. 주로 구어에서 일대 다수에게 사용한다.

The '-(으)ㅂ시다' ending, which is attached to an action verb stem, expresses the meaning 'Let's …'. It is used when suggesting doing something together to the listeners.

- 오늘 같이 비빔밥을 먹읍시다.
- 가: 이번 주말에 영화를 볼까요?

  나: 좋아요. 같이 영화를 봅시다.

받침이 있는 동작동사에는 '-읍시다'가 붙고 받침이 없는 동작동사에는 '-ㅂ시다'가 붙는다.

After a consonant-ending action verb, '-읍시다' is used. After a vowel-ending action verb, '-ㅂ시다' is used.

- 찾다 + 읍시다 → 찾읍시다
- 가다 + ㅂ시다 → 갑시다

 빈칸을 채우십시오. Complete the table below.

동작동사	-읍시다	동작동사	-ㅂ시다
먹다	먹읍시다	가다	갑시다
찍다		보다	
읽다		만나다	
앉다		공부하다	

 친구와 함께 이야기하십시오. Talk with your friend using the sentences below.

〈보기〉 불고기를 먹다

가: 불고기를 먹을까요?

나: 네, 불고기를 먹읍시다.

❶ 여기에서 사진을 찍다

❷ 사과를 사다

❸ 의자에 앉다

❹ 영화를 보다

❺ 한국 영화를 보다

❻ 커피를 마시다

❼ 잠깐 쉬다

❽ 저녁에 만나다

❾ 공원에서 산책하다

❿ 주말에 같이 공부하다

준비   사무실에 무엇이 있습니까? What kind of things are in the office?

설명

명사 **(이)랑**

‘(이)랑’은 명사 뒤에 붙어 둘 이상의 대상이 나열됨을 나타내며 구어에서 많이 사용한다.
‘(이)랑’ means 'and' and is used when connecting two or more nouns. It is mostly used in colloquial speech.

- 지갑에 돈이랑 카드가 있어요.
- 오늘 카메라랑 휴대폰을 샀어요.

‘(이)랑’은 행동을 같이 하는 사람을 나타낼 때도 쓰인다.
‘(이)랑’ can also be used to mean 'with'.

- 제 친구는 형이랑 등산을 갔어요.
- 저는 오늘 친구랑 밥을 먹을 거예요.

받침이 있는 명사에는 ‘이랑’이 붙고 받침이 없는 명사에는 ‘랑’이 붙는다.
After a consonant, ‘이랑’ is used. After a vowel, ‘랑’ is attached.

- 선생님 + 이랑 → 선생님이랑
- 누나 + 랑 → 누나랑

💡 ‘(이)랑’은 ‘하고’와 의미가 같지만 ‘하고’(☞ 문법 16)에 비해 구어에 더 많이 쓰인다.

‘(이)랑’ expresses the same meaning as ‘하고’(☞ Grammar 16), but ‘(이)랑’ sounds more colloquial and informal than ‘하고’.

 빈칸을 채우십시오. Complete the table below.

명사	이랑	명사	랑
꽃	꽃이랑	케이크	케이크랑
신문		잡지	
설악산		경주	
남동생		친구	

연습2　잘 듣고 맞는 것에 ✔를 하십시오. Look carefully and mark ✔ to the correct one. 

1. ❶ 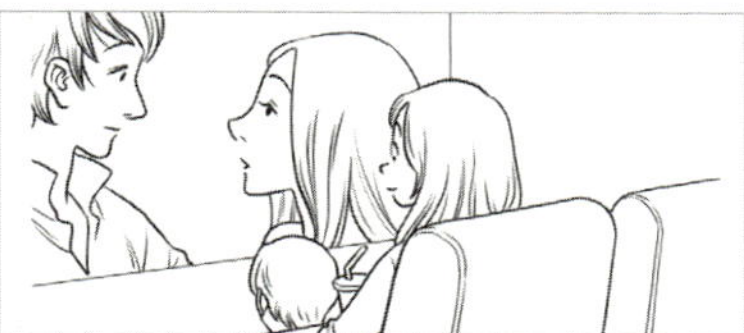　❷ 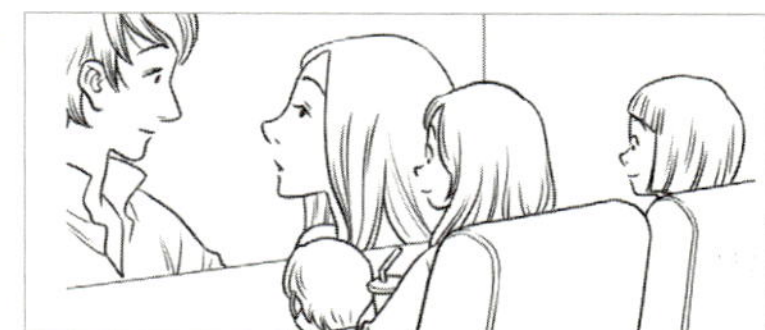

2. ❶ 　❷ 

3. ❶ 　❷ 

연습3　'(이)랑'을 사용하여 이야기해 보십시오. Talk with your friend using '(이)랑'.

〈보기〉　선생님: 무슨 과일을 좋아해요?
　　　　학생 1: 사과랑 바나나를 좋아해요.
　　　　학생 2: 사과랑 바나나랑 귤을 좋아해요.
　　　　학생 3: 사과랑 바나나랑 귤이랑 포도를 좋아해요.
　　　　학생 4: 사과랑 바나나랑 귤이랑 포도랑 수박을 좋아해요.

❶ 책상 위에 무엇이 있어요?

❷ 방학에 어디에 갈 거예요?

준비 다음을 잘 듣고 맞는 것을 고르십시오. Listen carefully and choose the correct one. 

빌리 생일은 (3월 5일, 3월 6일)입니다.

설명

명사 (이)지요?, 동사 지요?

'–지요?'는 동사 어간에 붙어 화자가 어떤 사실을 확인하는 뜻으로 청자에게 물을 때 사용한다. 화자는 청자가 그 사실을 알고 있거나 화자와 같은 방식으로 생각한다고 여긴다.

The '–지요?' ending is used to seek the listener's agreement or confirmation. It is roughly comparable to a tag question in English meaning 'isn't that right?' or 'isn't that so?'.

가: 밖은 춥지요?
나: 네, 많이 추워요.

'–지요?' 앞에 명사가 오는 경우에는 '(이)지요?'로 쓴다.

When '–지요?' is preceded by a noun, '(이)지요?' is used.

- 학생이지요?
- 우유이지요?

'이지요?'는 받침이 없는 명사 뒤에서는 '이–'가 생략되기도 한다.

After a vowel-ending noun, '이–' in '이지요' can be omitted.

- 언니지요?

'–지요?', '(이)지요?'는 구어에서 [죠]로 축약되어 나타나기도 한다.

'이지요?' and '–지요?' can be contracted to '죠?' in colloquial speech.

- 비빔밥이 정말 맛있죠?
- 여기가 국제교육원이죠?

  빈칸을 채우십시오. Complete the table below.

명사	이지요?	명사	지요?	동사	−지요?
동생	**동생이지요?**	언니	**언니지요?**	춥다	**춥지요?**
회사원		영화배우		예쁘다	
주말		다음 주		깨끗하다	
미국 사람		친구		오다	
대사관		회사		배우다	

  대화를 완성하십시오. Complete the dialogues.

> 〈보기〉 가: 고향이 **뉴욕이지요**?
>
> 나: 네, 맞아요. 뉴욕에서 왔어요.

❶ 가: 형이 _______________?

나: 네, 맞아요. 의사예요.

❷ 가: 명동에 외국인이 _______________?

나: 네, 명동에 외국인이 아주 많아요.

❸ 가: 오늘 마트에 _______________?

나: 네, 가요. 같이 갈까요?

 대화를 완성하십시오. Complete the dialogues.

> 〈보기〉　가: 서울은 교통이 **편리하지요**?
>
> 　　　　나: 네, 맞아요.

❶ 가: 저 영화 ＿＿＿＿＿＿＿＿＿＿?

　나: 네, 봤어요. 정말 재미있어요.

❷ 가: 어제가 ＿＿＿＿＿＿＿＿＿＿?

　나: 아니요, 어제는 20일이 아니었어요. 19일이었어요.

❸ 가: 한국 음식이 좀 ＿＿＿＿＿＿＿＿＿＿?

　나: 아니요, 전 안 매워요.

연습 4　**잘 듣고 맞는 것을 고르십시오.** Listen carefully and choose the correct one. 

❶ 

❷ 

❸ 

❹ 

메모

38 동사 겠 (1)

준비 빌리가 무슨 생각을 합니까? 그림을 보고 이야기하십시오.
What is Billy thinking about? Look at the pictures and talk about it.

설명

동사 겐 (1)

'–겠–'은 동사 어간에 붙어 미래의 일(주로 일기예보나 공지사항 안내와 같은)이나 화자가 현재의 사실을 바탕으로 추측한 것을 말할 때 사용한다.
'–겠–' is attached to the verb stem and conveys future events(usually in weather forecasts, announcements, and news reports). It also conveys the speaker's guess or supposition based on circumstantial evidence.

- 내일은 하루 종일 비가 오겠습니다.
- 곧 입학식이 진행되겠습니다.
- 이 음식은 정말 맛있겠어요.

🔑 화자의 추측을 말할 때 '–(으)ㄹ 거예요'를 사용하는 경우도 있다. (☞ 문법 40)
To express the speaker's guess or conjecture, '–(으)ㄹ 거예요' can be used too. (☞ see Grammar 40)

🔑 '–겠–'은 화자의 의지를 나타낼 때 사용하기도 한다.
'–겠–' is also used to express the speaker's will or determination.

 그림을 보고 문장을 쓰십시오.
Look at the pictures and create sentences that fit each situation.

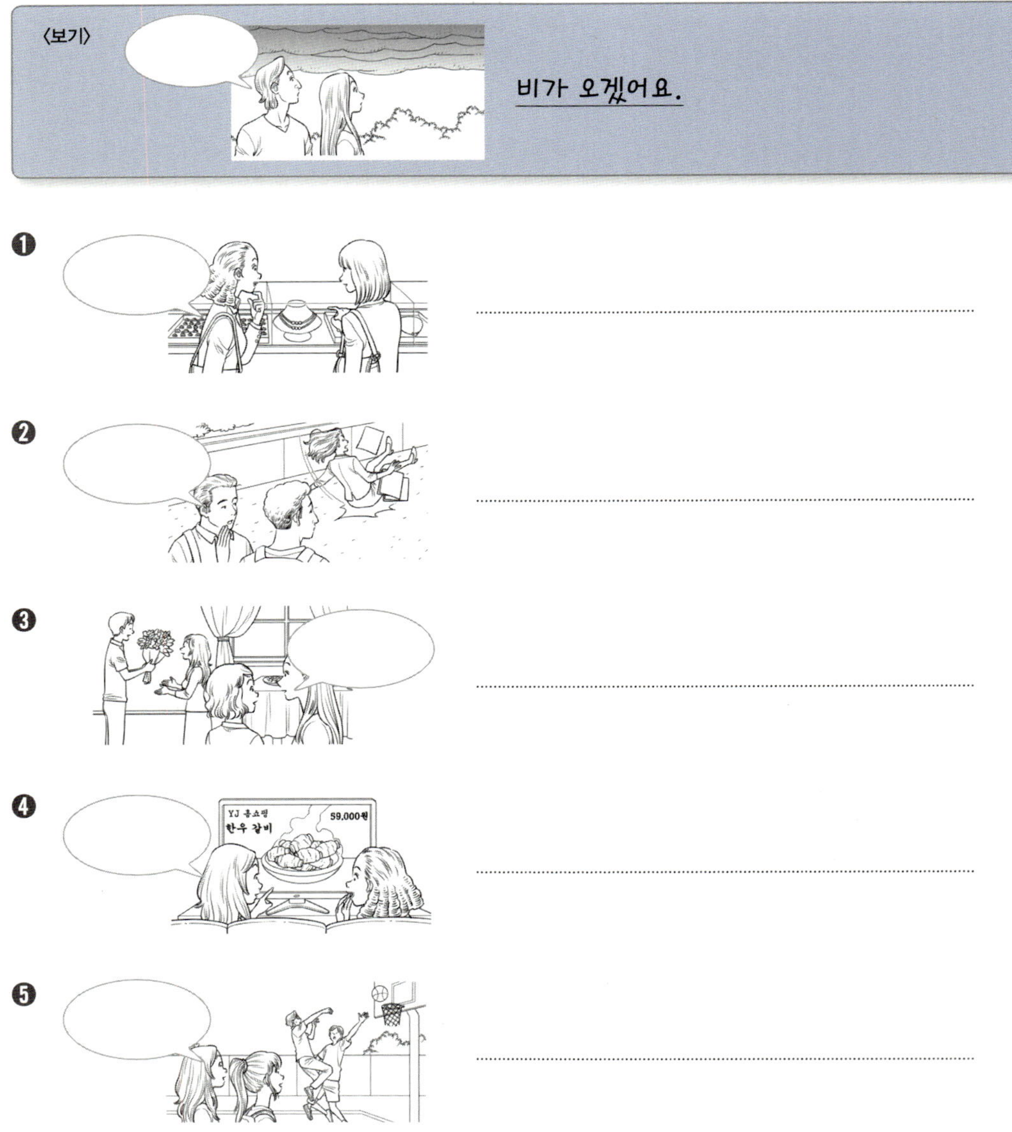

❶

❷

❸

❹

❺

   '-겠-'을 사용해 대화를 완성하십시오. Complete the dialogues using '-겠-'.

> 〈보기〉   가: 하늘이 흐려요.
>
> 나: <u>비가 **오겠어요.**</u> (비가 오다)

❶ 가: 다음 주에 시험이 있어요. 매일 밤 12시까지 공부해요.

  나: ⋯⋯⋯⋯⋯⋯⋯⋯⋯⋯⋯⋯⋯⋯⋯⋯⋯⋯⋯⋯⋯⋯ (피곤하다)

❷ 가: 이번 주말에 친구들하고 여행을 갈 거예요.

  나: ⋯⋯⋯⋯⋯⋯⋯⋯⋯⋯⋯⋯⋯⋯⋯⋯ (재미있다)

❸ 가: 제 남동생은 농구 선수예요.

  나: ⋯⋯⋯⋯⋯⋯⋯⋯⋯⋯⋯⋯⋯⋯⋯⋯ (키가 크다)

❹ 가: 동생이 한국에 3년 살았어요.

  나: ⋯⋯⋯⋯⋯⋯⋯⋯⋯⋯⋯⋯⋯⋯⋯⋯ (한국어를 잘하다)

❺ 가: 어제 이사했어요.

  나: ⋯⋯⋯⋯⋯⋯⋯⋯⋯⋯⋯⋯⋯⋯⋯⋯ (힘들다)

   일기예보입니다. 잘 듣고 '-겠습니다'를 사용해 완성하십시오.   **23**
This is a weather forecast. Listen carefully and complete the weather forecast using '-겠습니다'.

> 이번 주 날씨입니다. 내일 낮에는 조금 ⋯⋯⋯⋯⋯⋯⋯⋯⋯⋯⋯ (덥다). 그러나 밤부터 새벽까지
>
> 비가 ⋯⋯⋯⋯⋯⋯⋯ (오다). 그래서 모레 아침에는 조금 ⋯⋯⋯⋯⋯⋯⋯⋯⋯⋯⋯ (쌀쌀하다).
>
> 수요일부터 주말까지 계속 ⋯⋯⋯⋯⋯⋯⋯⋯⋯ (맑다). 날씨였습니다.

준비　다음 그림을 보고 빌리를 소개해 보십시오. Look at the picture and introduce Billy.

설명

┤ 동사 고 (1) ├

'-고'는 동사 어간에 붙어 두 문장(절)의 내용이 대등하게 나열됨을 나타낸다.
'-고' is a clausal connector meaning 'and'. It can be attached to the verb stems and connects two or more sentences/clauses.

- 제 여동생은 착하고 귀엽습니다.
- 이 식당은 비빔밥이 맛있고 저 식당은 삼계탕이 맛있어요.

'-고'는 동사에 '-았/었-'과 같은 시제 표현이 붙을 수 있다. 그러나 주로 뒤에 오는 문장에 시제를 쓰는 것이 일반적이다.
Tense markers such as '-았/었-' can be attached to '-고'. However, it is more common to mark tense only at the final clause.

- 빌리는 미국에서 왔고 나타폰은 태국에서 왔어요.
- 저는 어제 책도 읽었고 숙제도 했습니다.
- 저는 어제 책도 읽고 숙제도 했습니다.

🔑 '-고'는 어떤 일이나 동작의 시간 순서를 나타낼 때 사용하기도 한다. (☞ 문법 43)
　'-고' is also used to indicate a temporal sequence of actions or events. (☞ see Grammar 43)

Create a sentence by connecting the two sentences.

> 〈보기〉　김밥은 쌉니다. 그리고 김밥은 맛있습니다. ⇨ **김밥은 싸고 맛있습니다.**

❶ 제 친구는 예쁩니다. 그리고 제 친구는 똑똑합니다.

⇨ ____

❷ 회사 사무실은 넓습니다. 그리고 깨끗합니다.

⇨ ____

❸ 호세는 노래를 잘합니다. 그리고 춤도 잘 춥니다.

⇨ ____

❹ 도서관에서 사람들이 책을 읽습니다. 그리고 공부를 합니다.

⇨ ____

❺ 리사는 봄을 좋아합니다. 그리고 나타폰은 여름을 좋아합니다.

⇨ ____

Introduce your friend or family using '-고'.

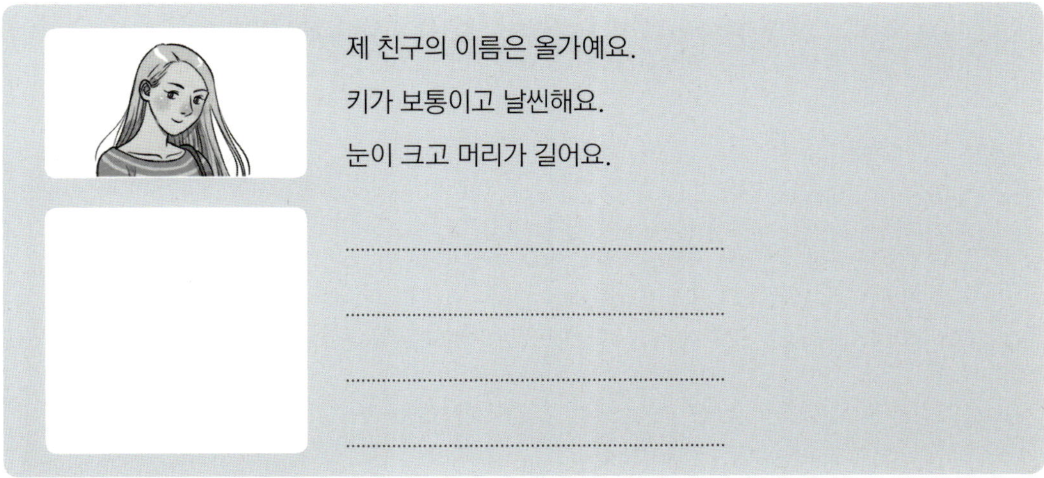

키가 커요/ 작아요/ 보통이에요	눈이 커요/ 작아요
안경을 꼈어요	머리가 길어요/ 짧아요
통통해요/ 날씬해요	얼굴이 예뻐요/ 잘생겼어요

'-고'를 사용해서 〈보기〉와 같이 이야기해 보십시오.
Talk with your friend using '-고' as shown in the example.

싸다	맛있다	예쁘다
친절하다	편리하다	건강에 좋다

〈보기〉 비빔밥은 어때요? ⇨ 비빔밥은 맛있고 건강에 좋아요.

메모

40 (으)ㄹ 거예요 (2)

 그림을 보고 이야기하십시오. Look at the picture below. what would he do?

울다?

다시 사다?

?

동사 (으)ㄹ 거예요 (2)

'-(으)ㄹ 거예요'는 동사 어간에 붙어 화자의 과거 경험과 지식을 바탕으로 추측한 것을 말할 때 사용한다.

'-(으)ㄹ 거예요' is a sentence ending attached to the verb stems. It conveys the speaker's guess or conjecture based on his/her knowledge or past experience.

- 토요일에는 극장에 사람이 많을 거예요.
- 아마 제 친구는 지금 바쁠 거예요.

받침이 있는 동사에는 '-을 거예요'가 붙고 받침이 없는 동사에는 '-ㄹ 거예요'가 붙는다.

After a consonant-ending verb, '-을 거예요' is attached. After a vowel-ending verb, '-ㄹ 거예요' is used.

- 찾다 + 을 거예요 → 찾을 거예요
- 예쁘다 + ㄹ 거예요 → 예쁠 거예요

💡 '-(으)ㄹ 거예요'는 미래의 일이나 계획을 나타낼 때 사용하기도 한다. (☞ 문법 31)
'-(으)ㄹ 거예요' is also used to express a future event or plan. (☞ see Grammar 31)

연습1 잘 듣고 맞는 것에 ✔를 하십시오. Listen carefully and mark ✔ to the correct picture.

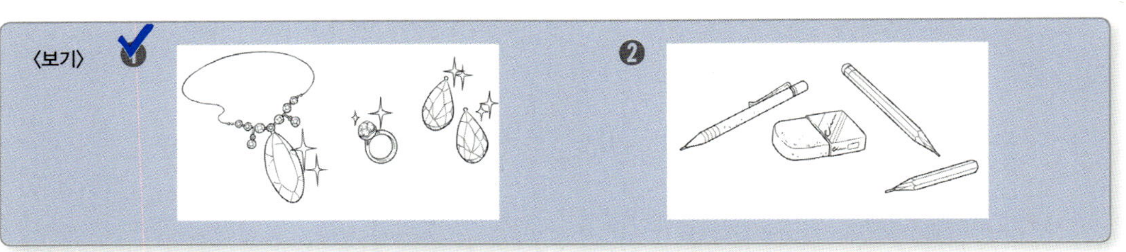

〈보기〉 ✔ ❷

1. ❶  ❷ 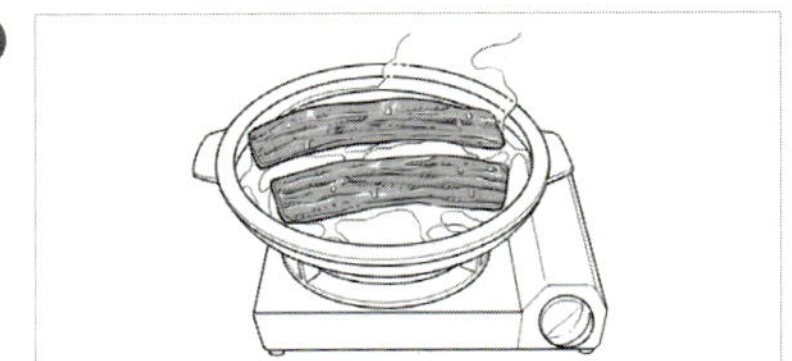

2. ❶  ❷ 

3. ❶ 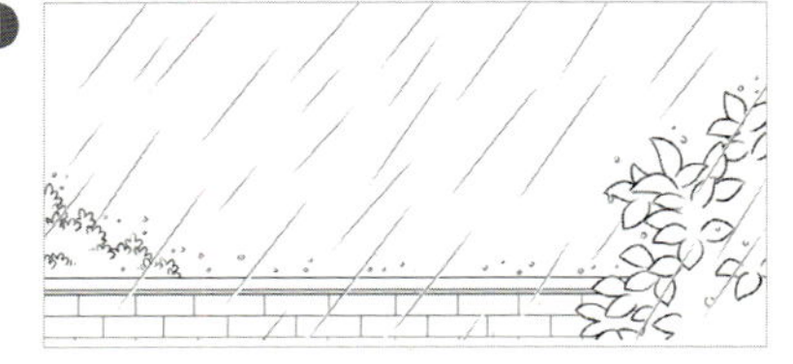 ❷ 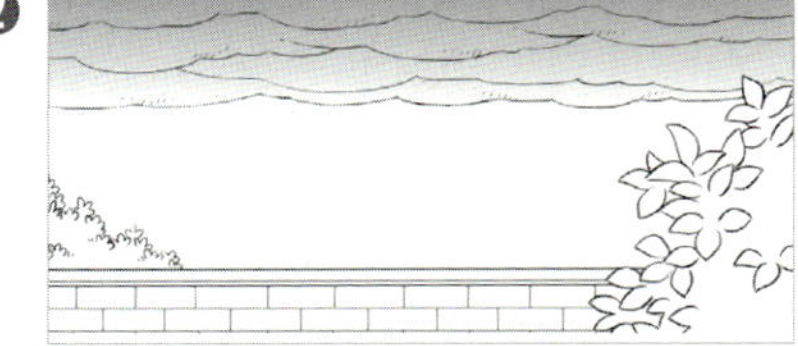

4. ❶  ❷ 

5. ❶ 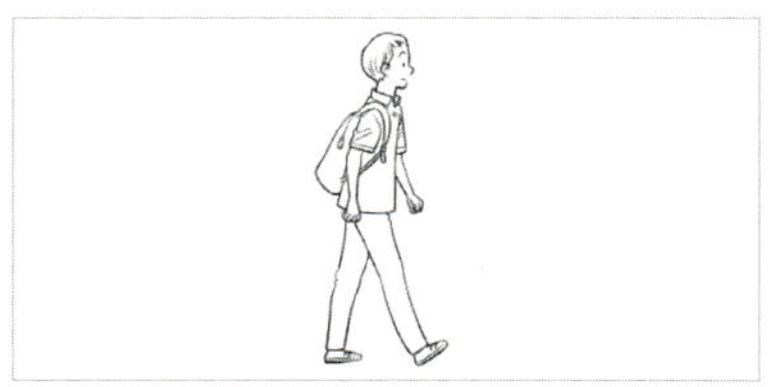 ❷ 

 다음 문장을 바꾸십시오. Change the following sentences as shown in the example.

<보기>　내일 날씨가 따뜻해요. ⇨ __내일 날씨가 따뜻할 거예요.__

❶ 일요일에는 사람이 많아요.　⇨ ....

❷ 빌리는 지금 자요.　⇨ ....

❸ 남동생도 키가 커요.　⇨ ....

❹ 저 사람도 학생이에요.　⇨ ....

연습 3　문장을 완성하십시오. Complete the sentences.

<보기>　주말이에요. 백화점에 사람이 **많을 거예요.** (많다)

❶ 올가는 정말 예뻐요. 아마 .... (인기가 많다)

❷ 칸은 목소리가 좋아요. 아마 .... (노래를 잘 부르다)

❸ 다니엘은 키가 커요. 아마 .... (농구를 잘하다)

❹ 리사는 항상 열심히 공부해요. 아마 .... (시험을 잘 보다)

연습 4　다음 이야기를 고쳐 쓰십시오.
Change the following story as shown in the example.

<table>
<tr>
<td>

저는 토요일에 등산을 가요.
아침 9시에 지하철역 앞에서
친구들을 만나요. 일요일 저녁에는
친구들을 초대해요. 집에서 우리
가족들하고 같이 불고기를 먹어요.
이번 주말은 아주 재미있어요.

</td>
<td>⇨</td>
<td>

저는 토요일에 등산을 갈 거예요.

</td>
</tr>
</table>

41 으 탈락 동사

 잘 듣고 맞는 것에 ✔를 하십시오. Listen carefully and mark ✔ to the correct one. 

1. ❶ 오늘은 일이 많아요. 그래서 바쁘아요.　　❷ 오늘은 일이 많아요. 그래서 바빠요.

2. ❶ 고향 친구에게 이메일을 썼어요.　　❷ 고향 친구에게 이메일을 쓰었어요.

설명

┤ 으 탈락 동사 ├

‘으 탈락’은 모음 ‘ㅡ’로 끝나는 동사 뒤에 모음으로 시작하는 어미가 붙으면 ‘ㅡ’가 탈락한다.
When the verb stem ending in ‘으’ is followed by a vowel, ‘ㅡ’ is dropped.

- 배가 너무 고파요.
- 그 영화는 아주 슬퍼요.

‘ㅡ’가 탈락된 후 ‘ㅡ’ 앞의 모음이 ‘ㅏ’, ‘ㅗ’ 이면 ‘아’로 시작하는 어미가 붙고 그 외 모음이면 ‘어’로 시작하는 어미가 붙는다.
After ‘ㅡ’ is dropped, the choice between ‘-아요’ and ‘-어요’ depends on the preceding vowel. If the preceding vowel is either ‘ㅏ’ or ‘ㅗ’, ‘-아요’ is attached. For the rest of vowels, ‘-어요’ is used.

- 바쁘다 + 아요　→　바빠- + 아요 → 바빠요
- 기쁘다 + 었어요 → 기뻐- + 었어요 → 기뻤어요

💡 ‘-아/어’로 시작하는 어미가 아니면 ‘ㅡ’가 탈락하지 않는다.
If the verb stem doesn't start with ‘-아/어’, the ‘으’ deletion does not occur.

 빈칸을 채우십시오. Complete the table below.

	-아요/어요	-았어요/었어요	-(으)세요?	-습니다/ㅂ니다
바쁘다	바빠요	바빴어요	바쁘세요?	바쁩니다
기쁘다				
슬프다				
아프다				
쓰다				
크다				

 알맞은 것을 골라 문장을 완성하십시오.
Choose the appropriate word and complete a sentences.

끄다	고프다	기쁘다	바쁘다	예쁘다

❶ 회사에 일이 많아요. 너무 바빠요. 아요/어요.

❷ 아침을 안 먹었어요. 배가 ________ 아요/어요.

❸ 리사는 착하고 얼굴도 ________ 아요/어요.

❹ 가: 대학교에 합격했어요?

　 나: 네, 합격했어요. 그래서 정말 ________ 아요/어요.

❺ 가: 퇴근합시다. 에어컨은 ________ 았어요/었어요?

　 나: 네, 제가 ________ 았어요/었어요.

메모

[준비] **반대말을 찾아 연결하십시오.** Match the opposite words.

❶ 어렵다 •

❷ 좋아하다 •

❸ 춥다 •

❹ 가깝다 •

㉮ 덥다

㉯ 멀다

㉰ 쉽다

㉱ 싫어하다

[설명]

┤ [동사] **지만** ├

'–지만'은 동사 어간에 붙어 두 문장(절)의 내용이 대조됨을 나타낸다.
'–지만' is a clausal connector meaning 'but' or 'although'. It can be attached to the verb stems and connects two sentences/clauses that contrast with each other.

- 저는 농구를 좋아하지만 수영은 싫어합니다.
- 비빔밥은 조금 맵지만 맛있어요.

'–지만'은 동사에 시제 표현이 붙을 수 있다.
Tense markers such as '–았/었–' can be attached to '–지만'.

- 기숙사에 갔지만 친구는 없었습니다.
- 내일은 흐리겠지만 비는 오지 않겠습니다.

 두 문장을 한 문장으로 연결하여 완성하십시오.
Create a sentence by connecting the two sentences.

> 〈보기〉 한국의 여름은 덥습니다. 겨울은 춥습니다.
>   ⇨ <u>한국의 여름은 덥지만 겨울은 춥습니다.</u>

❶ 평일에는 일합니다. 주말에는 쉽니다.

  ⇨ ____

❷ 리사는 사과를 좋아합니다. 호세는 싫어합니다.

  ⇨ ____

❸ 어제는 추웠습니다. 오늘은 따뜻합니다.

  ⇨ ____

❹ 지금 한국은 오전입니다. 미국은 오후입니다.

  ⇨ ____

 알맞은 것을 연결하고 문장을 쓰십시오.
Match the following correctly and then create sentences below.

❶ 이메일을 보냈어요   •   • 놀이 기구는 안 탈 거예요

❷ 저도 같이 가고 싶어요   •   • 약속이 있어요

❸ 리사에게 전화했어요   •   • 답장이 안 왔어요

❹ 놀이공원에 갈 거예요   •   • 통화 중이었어요

❶ 이메일을 보냈지만 답장이 안 왔어요.
____

❷ ____

❸ ____

❹ ____

 문장을 완성하십시오. Complete the sentences.

❶ 한국어 공부는 ____

❷ 한국 음식은 ____

❸ 제 고향은 ____

❹ _________________ 은/는 _________________________________

메모

동작동사 고 (2)

 어떤 순서로 합니까? 번호(1-2)를 써 보십시오.
In what order do you do the following? Number them in order.

❶ 

(   )

❷ 

(   )

설명

동작동사 고 (2)

'-고'는 동작동사 어간에 붙어 어떤 일이나 동작이 시간 순서에 따라 일어남을 말할 때 사용한다.
The clausal connector '-고' is attached to the verb stem and can be used to indicate a sequence of action meaning 'and then'. That is, the action/event in the first clause occurs before the action/event in the second clause.

- 저녁을 먹고 영화를 봤어요.
- 방을 정리하고 청소하세요.

'-고'는 동작동사에 시제 표현이 붙지 않으며 선행절과 후행절의 주어가 동일하다.
Tense markers such as '-았/었-' cannot be attached to this function of '-고'.

- 전화를 받고 외출했어요. (○)

  전화를 받았고 외출했어요. (×)
- 형은 밥을 먹고 (형은) 설거지를 해요.

♀ '-고'는 두 문장(절)의 내용이 대등하게 나열됨을 나타낼 때 사용하기도 한다. (☞ 문법 39)
'-고' is also used to connect two sentences/clauses with the meaning of 'and'. (☞ see Grammar 39)

> 〈보기〉 영화를 봅니다. 그리고 밥을 먹습니다.
> ⇨ **영화를 보고 밥을 먹습니다.**

❶ 손을 씻습니다. 그리고 밥을 먹습니다.

⇨ ....

❷ 식사를 하세요. 그리고 약을 드세요.

⇨ ....

❸ 어제 퇴근을 했습니다. 친구를 만났습니다.

⇨ ....

❹ 내년에 졸업할 거예요. 그리고 취직할 거예요.

⇨ ....

연습 2 알맞은 것을 골라 대화를 완성하십시오.
Choose the appropriate verb and complete the dialogues.

끄다	보다	열다	전화하다	퇴근하다

❶ 가: 리사 씨, 어제 뭐 했어요?

나: 친구를 만났어요. 영화를 <u>보고</u> 쇼핑을 했어요.

❷ 가: 선생님, 내일 사무실에 계세요?

나: 네. 내일 .... 오세요.

❸ 가: 칸 씨, 불을 .... 나가세요.

나: 네, 알겠습니다.

❹ 가: 제시카 씨, ... 뭐 할 거예요?

나: 남자 친구와 데이트를 할 거예요.

❺ 가: 오랜만에 대청소 좀 할까요?

나: 네. 창문을 _________________________ 청소합시다.

 칸의 하루입니다. 그림을 보고 빈칸에 쓰십시오.
This is Khan's day. Look at the picture and fill in the blanks.

| 샤워를 하다 | 영화를 보다 | 회의를 하다 | 자료를 정리하다 |

　　저는 아침 7시에 일어났습니다. (　　　　　　　　　) 아침을 먹었습니다. 9시에 회사에 출근을 했습니다. 동료들과 (　　　　　　　　　) 커피를 마셨습니다. 오후에는 (　　　　　　　　　) 퇴근을 했습니다. 친구와 (　　　　　　　　　) 집에 돌아왔습니다.

준비 그림을 보고 이야기해 보십시오. Talk about the picture.

설명

동작동사 (으)십시오

'–(으)십시오'는 동작동사 어간에 붙어 높임의 대상인 청자에게 어떤 일이나 동작을 할 것을 명령하거나 요청할 때 사용한다. 주로 공식적인 말하기에서 사용한다.

'–(으)십시오' is the honorific polite sentence ending which can be attached to the action verb stem. It is used to make a polite request or command. It is mostly used in formal speech.

- 의자에 앉으십시오.
- 불을 켜십시오.

동작동사 '먹다', '마시다'는 '드시다', '자다'는 '주무시다', '있다'는 '계시다'의 형태로 사용한다.

Some action verbs have their own honorific polite forms: '드시다' for '먹다' or '마시다' ('eat, drink'); '주무시다' for '자다' ('sleep'); '계시다' for '있다' ('to exist')

- 맛있게 드십시오.
- 일찍 주무십시오.

받침이 있는 동작동사에는 '–으십시오'가 붙고 받침이 없는 동작동사에는 '–십시오'가 붙는다.

After a consonant-ending verb stem, '–으십시오' is used. After a vowel-ending verb stem, '–십시오' is attached.

- 읽다 + 으십시오 → 읽으십시오
- 쓰다 + 십시오 → 쓰십시오

🔑 비공식적인 말하기에서는 '–(으)세요'를 사용한다. (☞ 문법 19)

In informal speech, '–(으)세요' is used. (☞ see Grammar 19)

 빈칸을 채우십시오. Complete the table below.

동작동사	−으십시오	동작동사	−십시오
받다	받으십시오	가다	가십시오
읽다		쉬다	
앉다		타다	
찾다		*먹다	
씻다		*자다	
닫다		*있다	

 대화를 완성하십시오. Complete the dialogues.

〈보기〉

직원: 이쪽으로 <u>앉으십시오.</u>
손님: 네, 감사합니다.

❶ 

직원: 어서 ....
　　　 무엇을 찾으십니까?
손님: 넥타이는 어디에 있어요?

❷ 

직원: 이쪽으로 ....
손님: 전화번호하고 이름을 어디에 써요?
직원: 여기에 ....

❸ 

남자: 목하고 머리가 아파요.
약사: 그러면 이 약을 하루에 세 번 ....

❹ 

직원: 표 몇 장 드릴까요?
손님: 두 장 주세요.
직원: 잠시만 ....

준비 **알맞은 것을 연결하십시오.** Match the following appropriately.

❶ 청소를 하다   •   • ㉮ 배가 부르다

❷ 배가 아프다   •   • ㉯ 방이 깨끗하다

❸ 밥을 많이 먹다   •   • ㉰ 병원에 가다

설명

동사 아서/어서 (1)

    '–아서/어서'는 동사 어간에 붙어 선행절이 후행절의 일반적인 이유나 원인임을 나타낸다.

'–아서/어서' is a clausal connector meaning 'so, because, since'. It can be attached to the verb stems and indicates that the preceding clause is a cause or reason for the event of the second clause.

- 비가 와서 우산을 씁니다.
- 배가 고파서 식당에 가요.

    '–아서/어서'는 동사에 시제 표현이 붙지 않는다. 그리고 뒤 문장(절)에는 명령형이나 청유형을 사용할 수 없다.

Tense markers such as '–았/었–' cannot be attached to '–아서/어서'. In addition, '–아서/어서' cannot be used when the second clause is a command or suggestion.

- 늦게 일어나서 학교에 지각했어요. (○)

  늦게 일어났어서 학교에 지각했어요. (×)
- 너무 피곤해서 일찍 집에 왔어요. (○)

  너무 피곤해서 일찍 집에 오세요. (×)

    모음 'ㅏ', 'ㅗ' 뒤에는 '–아서'가 붙고 그 외 모음 뒤에는 '–어서'가 붙는다. '하다'로 끝나는 경우에는 '–여서'가 붙어 '하여서'가 되고 이것이 줄어들어 '해서'가 된다.

When the last vowel of the verb stem is either 'ㅏ' or 'ㅗ', '–아서' is attached to the verb stem. When the last vowel of the verb stem is a vowel other than 'ㅏ' or 'ㅗ', '–어서' is attached. For '하다'-ending verbs, '–여서' is attached making '하여서' which then becomes contracted to '해서'.

- 많다 + 아서 → 많아서
- 맛있다 + 어서 → 맛있어서
- 깨끗하다 + 여서 → 깨끗하여서 → 깨끗해서

받침 없이 'ㅣ', 'ㅗ', 'ㅜ' 로 끝나는 경우에 '-아서/어서'가 붙으면 축약된다.

When '-아서/어서' is attached to the verb stem ending in 'ㅏ', 'ㅗ' or 'ㅜ', vowel contraction occurs.

- 기다리다 + 어서 → 기다려서
- 보다 + 아서 → 봐서
- 주다 + 어서 → 줘서

🔑 '-아서/어서'는 동작동사에 붙어 순차를 나타내는 경우도 있다. (☞ 문법 50)
'-아서/어서' is also used to indicate a temporal sequence of actions. (☞ see Grammar 50)

연습1 빈칸을 채우십시오. Complete the table below.

동사	-아서	동사	-어서	동사	-해서
앉다	앉아서	먹다	먹어서	하다	해서
좋다		있다		일하다	
작다		늦다		청소하다	
보다		기다리다		깨끗하다	
가다		*예쁘다		피곤하다	

* 으 탈락 동사 (☞ 문법 41)에 주의하십시오.
Pay attention to 으 irregular verb. (☞ see Grammar 41)

연습2 문장을 완성하십시오. Complete the sentences.

〈보기〉 피곤해요, 일찍 자요 ⇨ 피곤해서 일찍 자요.

❶ 비가 와요, 추워요

⇨ ____

❷ 머리가 아파요, 약을 먹어요

⇨ ____

❸ K-POP을 좋아해요, 한국어를 배워요

➡ ....

❹ 눈이 왔어요, 길이 미끄러워요★

➡ ....

❺ 청소했어요, 방이 깨끗해요

➡ ....

❻ 길이 막혔어요, 늦었어요

➡ ....

❼ 고향에서 친구가 올 거예요, 공항에 갈 거예요

➡ ....

★미끄럽다: to be slippery

연습 3 알맞은 것을 연결하고 문장을 쓰십시오.
Match the following correctly and then create sentences below.

❶ 옷이 작다	•	•	또 샀어요
❷ 시험이 있다	•	•	불편해요
❸ 친구하고 싸우다	•	•	지각했어요
❹ 휴대폰을 잃어버리다	•	•	기분이 안 좋아요
❺ 아침에 늦게 일어나다	•	•	공부를 열심히 해요

❶ 옷이 작아서 불편해요.
....

❷ ....

❸ ....

❹ ....

❺ ....

 문장을 완성하십시오. Complete the sentences.

1. 날씨가 좋아서 ❶ ....

   ❷ ....

2. 지갑을 안 가져와서 ❶ ....

   ❷ ....

3. ❶ .... 병원에 갔어요.

   ❷ ....

4. ❶ .... 미안해요./ 고마워요.

   ❷ ....

메모

준비 다음 그림을 보고 이야기해 보십시오. Talk about the picture.

설명

┤ 명사 **에게, 한테** ├

‘에게, 한테’는 사람이나 동물을 나타내는 명사 뒤에 붙어 주어의 동작이 미치는 대상임을 나타낸다. 주로 ‘주다, 보내다, 전화하다, 이야기하다’와 같은 동작동사와 함께 사용한다. ‘한테’는 ‘에게’에 비해 구어에 더 많이 쓰인다.

‘에게, 한테’ is equivalent to ‘to’ in English. It is attached to a person or animal and indicates that the preceding noun is the receiver of the action done by the subject. ‘에게, 한테’ is frequently used with such action verbs as ‘주다 (to give), 보내다(to send), 전화하다 (to call, to talk on the phone), 이야기하다 (to tell)’. In colloquial speech, ‘한테’ is more frequently used than ‘에게’. ‘에게’ is usually used in written language.

- 빌리가 왕밍에게 편지를 보냈습니다.
- 제가 내일 호세한테 물어볼게요.

동작이 미치는 대상이 높임의 대상인 경우에는 ‘에게, 한테’ 대신에 ‘께’를 사용하고 장소인 경우에는 ‘에’를 사용한다. 다만, ‘께’를 사용하는 경우 ‘께’에 수반되는 동사 중에 ‘주다’는 ‘드리다’로 사용한다.

When the receiver of an action is your elder or senior, ‘께’ is used instead of ‘에게, 한테’. When the receiver of an action is an inanimate object, ‘에’ is used instead. When ‘께’ is used, the verb ‘주다’ changes to ‘드리다’.

- 저는 아버지께 선물을 드렸습니다.
- 호세 씨, 사무실에 전화했어요?

 잘 듣고 맞는 것에 ✔를 하십시오. Listen carefully and mark ✔ to the correct one. 

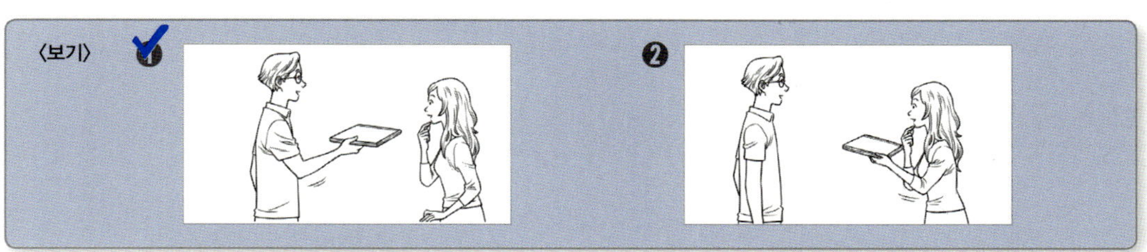

1. 

2. 

3. 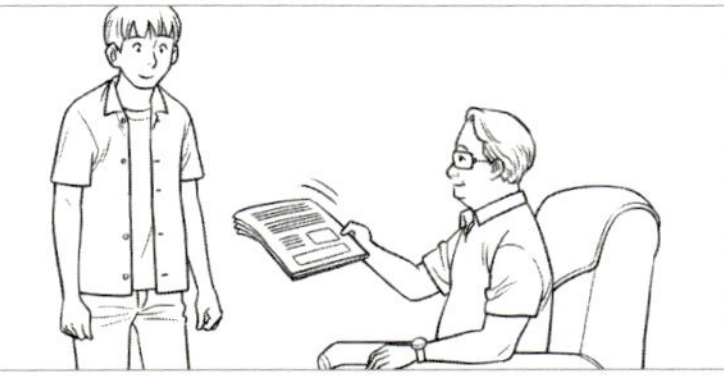

4. 

  문장을 완성하십시오. Complete the sentences.

❶ 저, 동생, 입학 선물을 주다　　⇨ 저는　**동생에게 입학 선물을 줍니다.**

❷ 저, 언니, 이메일을 보내다　　⇨ 저는

❸ 빌리, 호세, 이야기하다　　⇨ 빌리가

❹ 다니엘, 선배, 부탁을 하다　　⇨ 다니엘이

❺ 빌리, 선생님, 꽃을 주다　　⇨ 빌리가　**선생님께 꽃을 드립니다.**

❻ 지훈, 교수님, 숙제를 주다　　⇨ 지훈이

❼ 칸, 과장님★, 전화를 주다　　⇨ 칸이

★과장님: section chief

  이 사람에게 무엇을 주고 싶습니까? '에게, 한테'를 사용해서 이야기해 보십시오.
What can you give to the following people? Talk about it using '에게, 한테'.

돈	물	옷	펜	수건	우산
의자	치약	휴지	선글라스	신용카드	휴대 전화

❶ 

❷ 

❸ 

❹ 

❺ 

❻ 

준비 다음을 듣고 빈칸에 알맞은 말을 쓰십시오. Listen carefully and fill in the blank.

오늘	내일	모레

⇨ 내일 _______ 모레 눈이 옵니다.

설명

명사 와/과

'와/과'는 명사 뒤에 붙어 둘 이상의 대상이 나열됨을 나타낸다. '명사 와/과 명사'의 형태로 사용한다.

'와/과' means 'and' and is used when connecting two or more nouns.

- 우리 반에는 중국 학생과 미국 학생이 있습니다.
- 저는 김치찌개와 비빔밥을 좋아합니다.

'와/과'는 어떤 일이나 동작을 같이 하는 사람을 나타낼 때도 쓰인다. 이때는 '명사 와/과 같이 동작동사'의 형태로 사용하며 '같이'는 생략되어 나타나는 경우가 많다.

'와/과' can also be used to mean 'with'. In this case, 'Noun 와/과 같이' 'together with Noun' is frequently used, though '같이' can be omitted.

- 저는 동생과 (같이) 매일 운동을 합니다.
- 빌리는 리사와 같이 영화를 봤어요.

받침이 있는 명사에는 '과'가 붙고 받침이 없는 명사에는 '와'가 붙는다.

After a consonant-ending noun, '과' is used. After a vowel-ending noun, '와' is attached.

- 선생님 + 과 → 선생님과
- 언니 + 와 → 언니와

🔑 '하고', '(이)랑'과 의미가 같지만 '하고', '(이)랑'에 비해 문어에 더 많이 쓰인다. (☞ 문법 16, 36)

'와/과' expresses the same meaning as '하고' or '(이)랑', but '와/과' is mostly used in written language. (☞ see Grammar 16, 36)

연습 1 빈칸을 채우십시오. Complete the table below.

명사	과	명사	와
신문	신문과	잡지	잡지와
빵		커피	
공원		여행사	
미용실		회사	
부모님		친구	
삼촌		빌리	

연습 2 빈칸에 알맞은 것을 넣으십시오. Fill in the blanks appropriately.

〈보기〉 빌리**와** 리사는 친구입니다.

❶ 어제 시장에서 운동화 ______ 모자를 샀습니다.

❷ 지하철역에서 신문 ______ 잡지를 팝니다.

❸ 한국 나이 ______ 서양 나이가 다릅니다.

❹ 호세 ______ 이야기하세요.

❺ 동생 ______ 같이 영화를 봤습니다.

❻ 내일 형 ______ 함께 선물을 살 겁니다.

  문장을 완성하십시오. Complete the sentences.

<보기> 우유, 빵, 먹다 ⇨ <u>우유와 빵을 먹습니다.</u>

❶ 제시카, 칸, 오다 ⇨ ....

❷ 책, 공책, 사다 ⇨ ....

❸ 개, 고양이, 있다 ⇨ ....

❹ 커피, 녹차, 마시다 ⇨ ....

❺ 사과, 배, 먹다 ⇨ ....

❻ 도서관, 서점, 가다 ⇨ ....

❼ 눈, 코, 예쁘다 ⇨ ....

❽ 한국어, 태권도, 배우다 ⇨ ....

연습 4 다음을 보고 친구들에 대해 쓰십시오.
Describe your friends using the following expressions.

눈이 예뻐요	노래를 잘해요	음악을 좋아해요
다리가 길어요	친구가 많아요	잘 웃어요
손이 작아요	등산을 좋아해요	코가 예뻐요
도서관에서 공부해요	빨리 이야기해요	천천히 이야기해요
컴퓨터 게임을 좋아해요	잘생겼어요	머리가 길어요
머리가 짧아요	키가 커요	학교 근처에 살아요

리사와 나타폰은 눈이 예뻐요.

....

....

....

준비 알맞은 것을 고르십시오. Choose the appropriate one.

❶ 3층에 가고 싶습니다. 어떻게 갑니까 ?　　　☐ 계단　　　☐ 엘리베이터

❷ 라면을 먹습니다. 무엇이 필요합니까?　　　☐ 숟가락　　　☐ 젓가락

설명

명사 **(으)로** (2)

'(으)로'는 명사 뒤에 붙어 수단이나 도구, 재료를 나타낸다.

'(으)로' is attached to a noun indicating means, instrument, or method with which an action is performed.

- 숟가락으로 밥을 먹어요.
- 연필로 쓰세요.

받침이 있는 명사에는 '으로'가 붙고 받침이 없는 명사와 'ㄹ' 받침의 명사에는 '로'가 붙는다.

When the preceding noun ends in a consonant other than 'ㄹ', '으로' is used. After a vowel-ending noun and the consonant 'ㄹ', '로' is used.

- 볼펜 + 으로 → 볼펜으로
- 지우개 + 로 → 지우개로
- 칼 + 로 → 칼로

🔑 '(으)로'는 이동의 방향을 나타낼 때 사용하기도 한다. (☞ 문법 22)

'(으)로' is also used to indicate the direction of movement. (☞ see Grammar 22)

 빈칸을 채우십시오. Complete the table below.

명사	으로	명사	로
계단	계단으로	수저★	수저로
손		휴지	
콩		나무	
휴대폰		*지하철	

★수저: spoon and chopsticks

연습2 알맞은 것을 찾아 문장을 완성하십시오.
Choose the appropriate one and complete the sentences.

닭　　　　비행기　　　　숟가락　　　　이메일　　　　지하철

---

❶ ________________ 제주도에 가요.

❷ ________________ 비빔밥을 먹어요.

❸ ________________ 연락하세요.

❹ ________________ 집에서 회사까지 1시간쯤 걸려요.

❺ ________________ 삼계탕을 만들어요.

메모

준비 다음 그림을 보고 이야기해 보십시오. Look at the picture and talk about it.

설명

동작동사 (으)ㄹ 수 있다, 없다

‘-(으)ㄹ 수 있다, 없다’는 동작동사 어간에 붙어 주어가 어떤 일을 할 능력이 있거나 없음을 나타낸다. 문맥에 따라서는 어떤 일이 일어날 가능성이 있거나 없음을 의미하기도 하고 어떤 일에 대한 허락이나 금지의 의미로 쓰이기도 한다.

Attached to the action verb stem, ‘-(으)ㄹ 수 있다, 없다’ (‘can, cannot ~’, ‘be able, unable to ~’) indicates the ability, inability to do something. Depending on contexts, it can also express possibility or impossibility and permission or prohibition.

- 빌리는 한글을 읽을 수 있어요.
- 손을 다쳐서 피아노를 칠 수 없어요.
- 여기에서는 수영을 할 수 있습니다.
- 어린이는 이 영화를 볼 수 없습니다.

받침이 있는 동작동사에는 ‘-을 수 있다, 없다’가 붙고 받침이 없는 동작동사에는 ‘-ㄹ 수 있다, 없다’가 붙는다.

After a consonant-ending action verb, ‘-을 수 있다, 없다’ is attached. After a vowel-ending action verb, ‘-ㄹ 수 있다, 없다’ is used.

- 찾다 + 을 수 있다 → 찾을 수 있다
- 보내다 + ㄹ 수 있다 → 보낼 수 있다

연습1 빈칸을 채우십시오. Complete the table below.

동작동사	–을 수 있다, 없다	동작동사	–ㄹ 수 있다, 없다
먹다	먹을 수 있어요 먹을 수 없어요	사다	살 수 있어요 살 수 없어요
찾다		말하다	
읽다		들어가다	
뽑다		*만들다	

* 'ㄹ' 받침 동사는 '–ㄹ 수 있다, 없다'로 활용한다.
  After a ㄹ–ending verb, '–ㄹ 수 있다, 없다' is used.

연습2 잘 듣고 할 수 있는 것에 ✔를 하십시오. 
Listen carefully and mark ✔ to what they can do.

1. ❶ 

❷ 

2. ❶ 

❷ 

3. ❶ 　　　　❷ 

4. ❶ 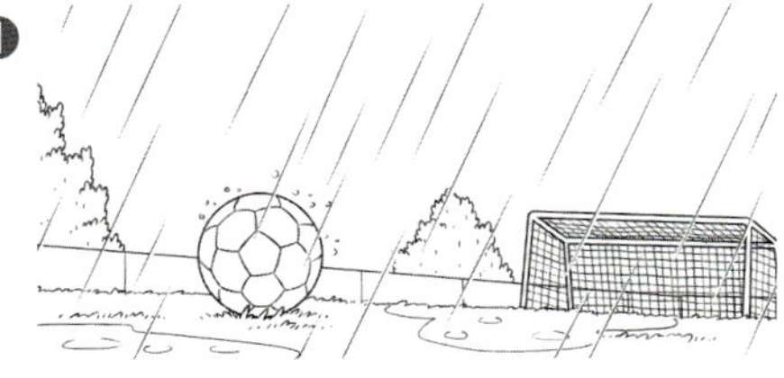　　　　❷ 

연습 3 '-(으)ㄹ 수 있다, 없다'를 사용하여 문장을 완성하십시오.
Complete the sentences using '-(으)ㄹ 수 있다, 없다'.

❶ 저는 스키를 배우지 않아서 ....

❷ 다리를 다쳐서 ....

❸ 늦게 일어나서 ....

❹ 한국어 공부를 많이 해서 ....

❺ 한국 노래를 많이 들어서 ....

❻ 컴퓨터가 고장이 나서★ ....

★고장이 나다: to break down, to be out of order

연습 4 이것으로 무엇을 할 수 있습니까? 무엇을 할 수 없습니까? 이야기해 보십시오.
What can you do or can't do with the following? Talk about it.

❶ 　　　　❷ 

준비 순서에 맞게 연결하십시오. Connect the following in the correct order.

❶ 

㉮ 

❷ 

㉯ 

❸ 

㉰ 

설명

동작동사 아서/어서 (2)

'-아서/어서'는 동작동사 어간에 붙어 어떤 일이나 동작이 시간의 순서와 차례에 따라 일어남을 말할 때 사용한다.

The clausal connector '-아서/어서' is attached to the action verb stem and indicates that the two events in the first and second clauses are closely related and occur in a chronological sequence. That is, the action/event in the first clause occurs before the action/event in the second clause.

- 병원에 가서 의사를 만나요.
- 선물을 사서 부모님께 드렸어요.

'-아서/어서'는 동작동사에 시제 표현이 붙지 않으며 선행절과 후행절의 주어가 동일하다. '-고'와 달리 선행절의 일이나 동작이 후행절보다 선행되어야 한다.

Tense markers such as '-았/었-' cannot be attached to '-아서/어서'. The subjects of the first and second clauses are identical. Unlike '-고', in this use of '-아서/어서', the action/event in the first clause must precede the action/event in the second clause.

- 집에 와서 텔레비전을 봤어요. (○)
  집에 왔어서 텔레비전을 봤어요. (×)
- (리사가) 사과를 깎아서 (리사가 그 사과를) 먹었어요. (○)
  (리사가) 사과를 깎아서 (빌리가 그 사과를) 먹었어요. (×)

'-아서/어서'는 이유나 원인을 나타낼 때 사용하기도 한다. (☞ 문법 45)
'-아서/어서' is also used to indicate that the preceding clause is a cause or reason for the event of the second clause. (☞ see Grammar 45)

연습 1 문장을 완성하십시오. Complete the sentences.

〈보기〉 은행에 가요. 그 은행에서 돈을 찾아요.
⇨ <u>은행에 가서 돈을 찾아요.</u>

❶ 극장에 가요. 그 극장에서 영화를 볼 거예요.   ⇨ ....

❷ 도서관에 갔어요. 그 도서관에서 책을 읽었어요.   ⇨ ....

❸ 바다에 갔어요. 그 바다에서 수영을 했어요.   ⇨ ....

연습 2 알맞은 것을 연결하고 문장을 쓰십시오.
Match the following correctly and then create sentences below.

❶ 빌리에게 전화하다		찌개를 끓여요
❷ 운동장에 가다		물어보세요
❸ 생선을 사다		축구를 할 거예요
❹ 여행을 가다		친구에게 선물할 거예요
❺ 케이크를 만들다		사진을 많이 찍을 거예요

❶ 빌리에게 전화해서 물어보세요.

❷

❸

❹

❺

연습 3 여러분의 하루를 '–아서/어서'와 '–고'를 사용하여 이야기해 보십시오.
Talk about your day using '–아서/어서' and '–고'.

메모

빌리에게 전화해서 물어보세요.

준비 다음 문장을 한 문장으로 만드십시오.
Read the sentences and connect them to make one sentence.

❶ 주말이에요. 그래서 명동에 사람이 많아요.

❷ 제 취미가 영화 감상이에요. 그래서 자주 극장에 가요.

❸ 부산은 유명한 도시예요. 그래서 관광객이 많아요.

설명

명사 이어서/여서

'이어서/여서'는 명사 뒤에 붙어 선행절이 후행절의 일반적인 이유나 원인임을 나타낸다.
Attached to nouns, '이어서/여서' indicates that the preceding noun is a reason or cause for the event of the second clause.

- 지금은 퇴근 시간이어서 차가 많아요.
- 도시여서 건물이 많아요.

받침이 있는 명사에는 '이어서/이라서'가 붙고 받침이 없는 명사에는 '여서/라서'가 붙는다.
After a consonant-ending noun, '이어서/이라서' is attached. After a vowel-ending noun, '여서/라서' is attached.

- 학생 + 이어서 → 학생이어서
- 학생 + 이라서 → 학생이라서
- 남자 + 여서 → 남자여서
- 남자 + 라서 → 남자라서

🔑 '이어서/여서'는 '–아서/어서'와 의미와 제약이 동일하다. (☞ 문법 45)
'이어서/여서' and '–아서/어서' share the same meaning and restrictions. (☞ see Grammar 45)

 빈칸을 채우십시오. Complete the table below.

명사	이어서	명사	여서
외국인	외국인이어서	할아버지	할아버지여서
백화점		제주도	
평일		휴가	
여름		취미	

연습2 문장을 완성하십시오. Complete the sentences.

도시　　　명절　　　방학　　　새 구두　　　점심시간

---

❶ 방학이어서 학교에 학생이 적어요.　　❷ ＿＿＿＿＿＿ 차가 많아요.

❸ ＿＿＿＿＿＿ 발이 아파요.　　❹ ＿＿＿＿＿＿ 고향에 갔어요.

❺ ＿＿＿＿＿＿ 식당에 사람이 많을 거예요.

연습3 알맞은 것을 찾아 문장을 완성하십시오.
Match the following correctly and then create sentences below.

❶ 다음 주에 휴가이다	길이 많이 막혀요
❷ 내일은 월요일이다	여행을 가요
❸ 지금은 퇴근 시간이다	문을 열지 않아요
❹ 제주도는 유명한 관광지이다	외국인이 많이 와요

❶ 다음 주에 휴가여서 여행을 가요.

❷ ＿＿＿＿＿＿＿＿＿＿＿＿＿＿＿＿＿＿＿＿＿

❸ ＿＿＿＿＿＿＿＿＿＿＿＿＿＿＿＿＿＿＿＿＿

❹ ＿＿＿＿＿＿＿＿＿＿＿＿＿＿＿＿＿＿＿＿＿

 그림을 보고 이야기해 보십시오. Talk about the pictures below.

동작동사 고 (3)

'–고'는 동작동사 어간에 붙어 어떤 일이나 동작이 시간 순서에 따라 일어남을 말할 때 사용하며 선행 동작이 후행 동작의 수단이나 방법이 됨을 나타낸다. 또한 선행 동작이 계속되는 가운데 후행 동작이 일어남을 뜻하기도 한다.

When '–고' is attached to the action verb stem and connects two verbs, it indicates that the actions of the two verbs take place consecutively. It is used when the second action occurs by means of the first action or while the first action is taking place.

- 버스를 타고 학교에 갑니다.
- 밖에 모자를 쓰고 나가세요.

'–고'는 주로 탈부착 동사와 결합하며 '일어나다, 내리다, 걷다'와 같은 동사는 '–고'가 아닌 '–아서/어서'와 결합하여 사용된다.

In this use, '–고' is usually attached to such verbs as '타다' (to get on, ride), '쓰다' (to wear, put on), and '벗다' (to take off, undress). To the verbs like '일어나다' (to get up), '내리다' (to get off [a vehicle]) and '걷다'(to walk), '–아서/어서' is attached instead.

- 지하철을 타고 명동에 갔어요. 명동역에 내려서 쇼핑을 했어요.
- 신발을 벗고 들어가세요. (○)

  신발을 벗어서 들어가세요. (×)

  알맞은 것을 고르십시오. Choose the appropriate one.

❶ 과일을 (씻고, 씻어서) 드세요.

❷ 점심을 (먹고, 먹어서) 만납시다.

❸ 신발을 (벗고, 벗어서) 들어오세요.

❹ 명동에 (가고, 가서) 옷을 샀습니다.

❺ 코트를 (입고, 입어서) 나갔습니다.

❻ 매일 지하철을 (타고, 타서) 회사에 갑니다.

❼ 아침에 (일어나고, 일어나서) 운동을 했습니다.

❽ 언니 생일에 선물을 (사고, 사서) 보내고 싶어요.

❾ 식사를 (하고, 해서) 약을 드십시오.

❿ 회기역에 (내리고, 내려서) 1번 출구로 나오세요.

  다음 글을 읽고 알맞은 것에 ◯를 하십시오. Read the text and circle the appropriate one.

> 지난 주말에 저는 친구를 (만나서, 만나고) 경복궁에 갔습니다. 경복궁에서 사진을 (찍어서, 찍고) 경복궁 근처 식당에 갔습니다. 그 식당은 삼계탕이 아주 유명합니다. 우리는 삼계탕을 (주문해서, 주문하고) 먹었습니다. 삼계탕이 아주 맛있었습니다. 그리고 지하철을 (타서, 타고) 집에 왔습니다. 오늘은 아주 즐거웠습니다.

메모

준비 그림을 보고 이야기해 보십시오. Talk about the pictures below.

❶

❷

설명

명사 **에서** 명사 **까지**

'에서'와 '까지'는 장소를 나타내는 명사 뒤에 붙어 어떤 일이나 사건이 일어나는 거리나 범위를 나타낸다. 문장에서 '에서'와 '까지' 중 하나만 선택해서 사용할 수 있다. '에서'만 나타나면 어떤 장소의 시작, 출발점을 의미하고 '까지'만 나타나면 어떤 장소의 끝, 도착점을 의미한다.

Attached to nouns indicating location, '에서' and '까지' mean 'from' and 'to' and indicate the distance or interval of two places. The two don't have to co-occur together. One of them alone can be used. '에서' indicates the starting place whereas '까지' indicates the ending place.

- 집에서 학교까지 한 시간쯤 걸려요.
- 어제 지하철을 타고 인천까지 갔어요.

🔑 어떤 일이나 사건의 기간을 나타낼 때에는 '부터, 까지'를 사용한다. (☞ 문법 26)
To indicate the starting and ending points of the time, '부터' and '까지' are used. (☞ see Grammar 26)

 빈칸을 채우십시오. Complete the table below.

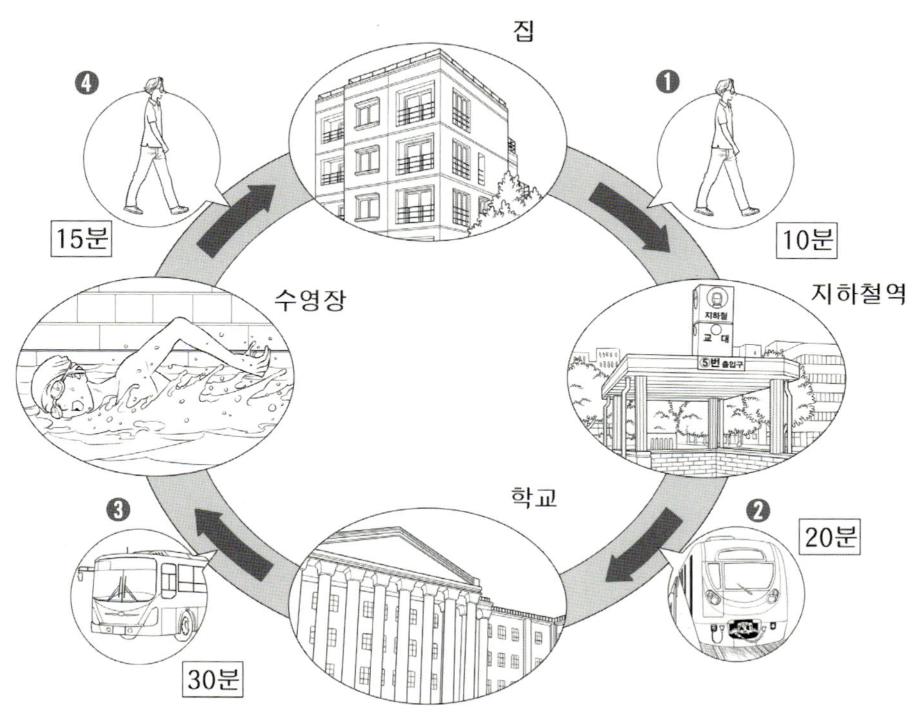

〈보기〉 　 집에서 **지하철역까지** 걸어서 가요.

① 집에서 ________________ 까지 10분 걸려요.

② 지하철역에서 ________________ 까지 20분 걸려요.

③ ________________ 에서 수영장까지 버스로 가요.

④ ________________ 에서 집까지 걸어서 가요.

연습 2 문장을 만드십시오. Make the sentences.

	출발지	도착지	출발 시간	도착 시간	교통수단
〈보기〉	서울	제주도	11:15	12:25	비행기
❶	서울	남이섬	10:00	11:00	기차
❷	서울	부산	1:00	3:50	기차
❸	부산	경주	11:30	13:00	고속버스
❹	목포	제주도	8:00	17:00	배

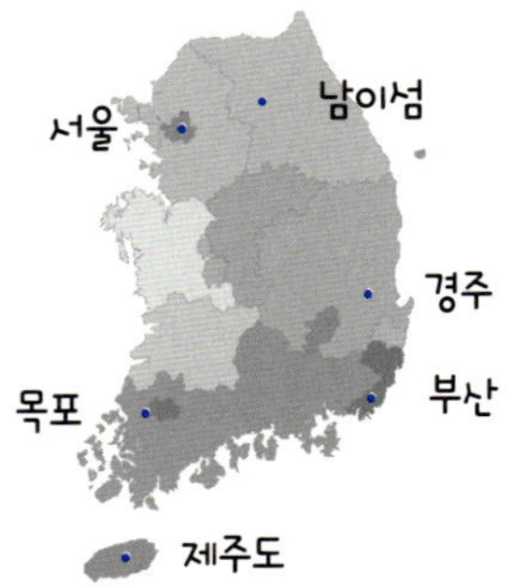

> 〈보기〉 서울에서 제주도까지 비행기로 한 시간 십 분 걸립니다.

❶ ____

❷ ____

❸ ____

❹ ____

연습 3 대화를 완성하십시오. Complete the dialogues.

> 〈보기〉 가: 집에서 공항까지 얼마나 걸려요?
>
> 나: 집에서 공항까지 1시간 반 걸려요.

❶ 가: 명동에서 경복궁까지 얼마나 걸려요?

  나: ____

❷ 가: 한국에서 고향까지 비행기로 몇 시간 걸려요?

  나: ____

❸ 가: 서울에서 인천까지 어떻게 가요?

  나: ____

❹ 가: 집에서 여기까지 어떻게 왔어요?

  나: ____

연습 4   다음 지도를 보고 이야기해 보십시오. Look at the map and talk about it.

· 고향이 어디예요?

· 서울에서 고향까지 어떻게 가요?

· 서울에서 고향까지 얼마나 걸려요?

메모

54 [명사] 에게(서), 한테(서)

누가 리사에게 꽃을 줍니까? Who gives Lisa flowers?

[명사] 에게(서), 한테(서)

'에게서, 한테서'는 사람이나 동물을 나타내는 명사 뒤에 붙어 동작의 출발점이 되는 대상임을 나타낸다. 주로 '받다, 듣다, 빌리다'와 같은 동작동사와 함께 사용한다. '한테서'는 '에게서'에 비해 구어에 더 많이 쓰인다. '에게서, 한테서'는 '에게, 한테'로 사용할 수 있다.

'에게서, 한테서' is equivalent to 'from' in English. It can be attached to a person or animal and indicates that the preceding noun is the source or starting point of an action. '에게서, 한테서' is frequently used with such action verbs as '받다(to receive), 듣다(to hear), 빌리다(to borrow)'. In colloquial speech, '한테서' is more frequently used than '에게서'. '에게서' is usually used in written language. '서' can be omitted and thus '에게, 한테' can be used to mean 'from'.

- 왕밍은 빌리에게서 편지를 받았습니다.
- 저는 어제 형한테서 그 이야기를 들었어요.

동작의 출발점이 되는 대상이 높임의 대상인 경우에는 '에게서, 한테서' 대신에 '께'를 사용하고 장소인 경우에는 '에서'를 사용한다.

When the source or starting point of an action is your elder or senior, '께' is used instead of '에게서, 한테서'. When the source or starting point of an action is an inanimate object, '에서' is used instead.

- 이번 생일에 아버지께 선물을 받았어요.
- 고향에서 소포가 왔어요.

 빈칸을 채우십시오. Complete the table below.

명사	에게서	명사	한테서	명사	께
동생	동생에게서	동생	동생한테서	아버지	아버지께
친구		친구		어머니	
빌리		빌리		선생님	

연습 2 문장을 완성하십시오. Complete the sentences.

<보기>　아이, 사탕 ⇨ 아이에게서/ 아이한테서 사탕을 받았어요.

❶ 친구, 카드　　　　　⇨ ....

❷ 동생, 편지　　　　　⇨ ....

❸ 빌리, 영화 표　　　　⇨ ....

❹ 리사, 옷　　　　　　⇨ ....

<보기>　어머니, 편지 ⇨ 어머니께 편지를 받았어요.

❺ 어머니, 선물　　　　⇨ ....

❻ 아버지, 이메일　　　⇨ ....

❼ 선생님, 책　　　　　⇨ ....

❽ 부모님, 용돈　　　　⇨ ....

할머니께서 지갑을 주셨어요.
부모님께서 자전거를 주셨어요.
형이 시계를 줬어요.
누나가 바지를 줬어요.
여동생이 책을 줬어요.

할머니께 지갑을 받았어요.
부모님_______ 자전거를 받았어요.
형_______ 시계를 받았어요.
누나_______ 바지를 받았어요.
여동생_______ 책을 받았어요.

연습4 '한테서'와 '께'를 사용하여 문장을 완성하십시오.
Complete the sentences using '한테서' and '께'.

❶ 어머니_______ 편지가 왔어요.

❷ 동생_______ 책을 받았어요.

❸ 김 선생님_______ 한국어를 배웠어요.

❹ 친구_______ 소포가 왔어요.

❺ 아버지_______ 한국 이야기를 들었어요.

❻ 리사_______ 장갑을 받았어요.

❼ 교수님_______ 전공 책을 받았어요.

연습5 친구와 이야기하십시오. Complete the dialogues with your friend.

❶ 생일에 누구한테서 무슨 선물을 받았어요?

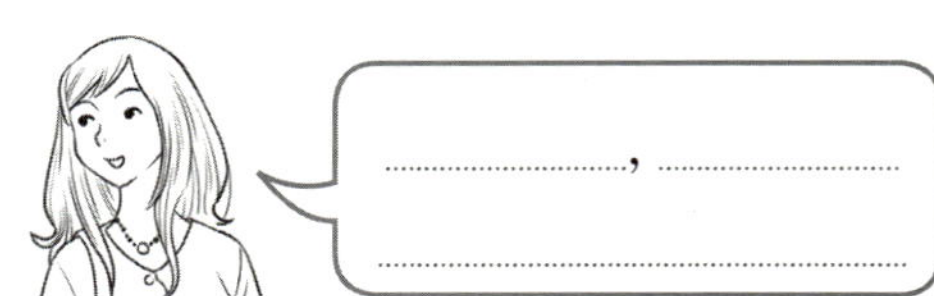

❷ 크리스마스에 누구한테서 무슨 선물을 받고 싶어요?

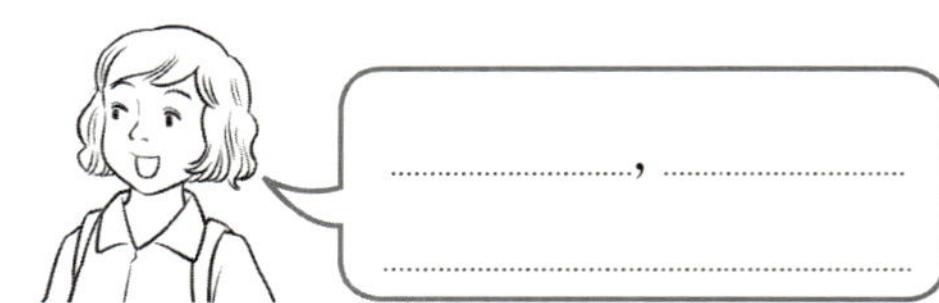

다음 대화를 듣고 알맞은 그림을 고르십시오.
Listen to the conversation and choose the appropriate picture.

❶ 

❷ 

못 `동작동사`

'못'은 부정 표현으로 동사 앞에 쓰여 서술형 문장과 의문형 문장에서 부정문을 만든다. 주어가 능력이 없거나 외부적인 원인으로 어떤 일이나 행동을 할 수 없음을 나타낸다. 주로 구어에서 사용한다.

'못'('cannot', 'unable') is a negative adverb and can be placed before a verb. It refers to one's volition or ability, expressing the meaning 'cannot' or 'unable to'. It is frequently used in spoken language.

- 저는 돼지고기를 못 먹어요.
- 지금 다리가 아파서 못 뛰어요.

'명사+하다'형 동사에서는 명사와 '하다' 사이에 '못'이 놓인다.

When the verb is a combination of 'Noun + 하다' (such as '운동하다' and '공부하다'), the negative marker '못' is placed between the noun and '하다'.

가: 어제 숙제했어요?
나: 아니요, 몸이 아파서 숙제 못 했어요.

🔑 '안'을 사용하여 부정문을 만들 수 있다. (☞ 문법 27)
For the 안 negative, see Grammar 27.

 빈칸을 채우십시오. Complete the table below.

동작동사	못 동작동사	동작동사	명사 못 하다
먹다	못 먹어요	운동하다	운동 못 해요
가다		공부하다	
마시다		준비하다	
만들다		청소하다	

 이 사람은 무엇을 못 합니까? 이야기해 보십시오.
What can't the person do? Talk about it.

❶ ⇨ 운동을 못 해요.
⇨
⇨
⇨

❷ ⇨
⇨
⇨
⇨

메 모

56 동작동사 지 못하다

준비 아기가 무엇을 못 합니까? What can't the baby do?

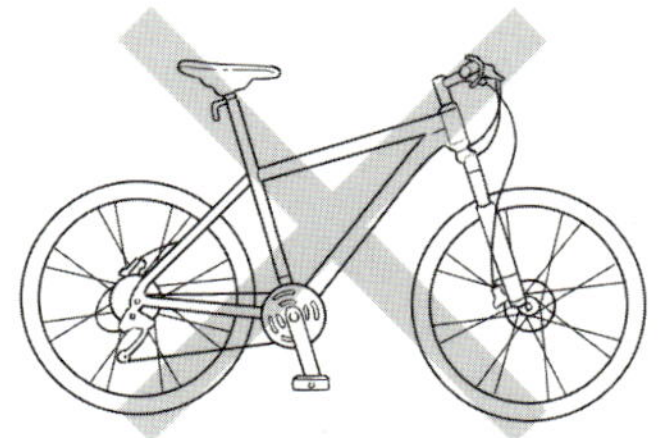

설명

동작동사 지 못하다

'–지 못하다'는 부정 표현으로 동작동사 어간에 붙어 서술형 문장과 의문형 문장에서 부정문을 만든다. 주어가 능력이 없거나 외부적인 원인으로 어떤 행동을 할 수 없는 것을 나타낸다. 문장에 따라서는 금지를 나타내기도 한다.

'–지 못하다' (the long form of negation) expresses the same meaning as '못' (the short form of negation). Attached to the action verb stem, it indicates that the subject of the sentence is unable to do something. Depending on contexts, it can indicate that the subject of the sentence is prohibited to do something.

- 제 동생은 자전거를 타지 못합니다.
- 어제 아파서 약속을 지키지 못했습니다.
- 여기에서는 수영을 하지 못합니다.

💡 '–지 않다'를 사용하여 부정문을 만들 수 있다. (☞ 문법 28)
For the '–지 않다' negation, see Grammar 28.

  알맞은 것을 연결하고 문장을 쓰십시오.
Match the appropriate ones and create sentences.

❶ 한국 문화를 잘 알지 못하다　　　　　　• 피곤합니다

❷ 약속을 지키지 못하다　　　　　　• 일찍 출근했습니다

❸ 잠을 자지 못하다　　　　　　• 실수를 많이 했습니다

❹ 어제 회의 준비를 다 하지 못하다　　　　　　• 죄송합니다

❶ 한국 문화를 잘 알지 못해서 실수를 많이 했습니다.

❷

❸

❹

  여기에서 무엇을 하지 못합니까? What are you prohibited to do at the following places?

❶ 

⇨ 사진을 찍지 못합니다.

⇨

⇨

❷

⇨

⇨

⇨

❸

⇨

⇨

⇨

57 명사 보다

준비 알맞은 것을 고르십시오. Choose the appropriate one.

1. 무엇이 큽니까? ❶  ❷ 

2. 무엇이 쌉니까? ❶  ❷ 

3. 무엇이 빠릅니까? ❶  ❷ 

설명

명사 보다

'보다'는 비교의 대상이 되는 명사 뒤에 붙어 다른 대상과 비교됨을 나타낸다.

'보다' is used when comparing two people or objects. 'Noun 보다' means 'than Noun' (the noun preceding '보다' is the one that comes after 'than' in English).

- 이 책이 저 책보다 비쌉니다.
- 저는 사과보다 포도를 좋아합니다.

연습 1 문장을 완성하십시오. Complete the sentences.

❶ 비행기 가 기차보다 빠릅니다. (비행기, 기차)

❷ ___________ 이/가 ___________ 쌉니다. (사과, 수박)

❸ ___________ 이/가 ___________ 큽니다. (빌리, 리사)

❹ 저는 ___________ 을/를 많이 씁니다. (편지, 이메일)

❺ 제시카는 ___________ 을/를 자주 먹습니다. (불고기, 비빔밥)

'보다'를 사용하여 문장을 완성하십시오.

Match the following correctly and then create sentences below.

크다	무겁다	비싸다	재미있다	공기가 좋다

❶ 시골, 도시   ⇨   시골이 도시보다 공기가 좋아요.

❷ 드라마, 뉴스   ⇨

❸ 불고기, 삼겹살   ⇨

❹ 농구공, 야구공   ⇨

❺ 노트북, 휴대폰   ⇨

다음을 보고 '보다'를 사용해서 이야기해 보십시오.

Look at the picture and talk about it using '보다'.

 잘 듣고 맞는 것에 ✔를 하십시오. Listen carefully and mark ✔ to the correct one. 

1. ❶ 만나서 반갑어요.　　❷ 만나서 반가워요.

2. ❶ 날씨가 덥어요.　　❷ 날씨가 더워요.

설명

ㅂ 불규칙 동사

'ㅂ 불규칙'은 'ㅂ' 받침으로 끝나는 동사에 모음으로 시작하는 어미가 붙으면 'ㅂ'이 '우'로 바뀌는 것을 말한다.

When the verb whose stem ends in 'ㅂ' is followed by a vowel, 'ㅂ' changes to '우'. This is referred to as 'ㅂ' irregular.

- 집에서 학교까지 가까워요.
- 더우니까 짧게 깎아 주세요.

'돕다, 곱다'의 경우에는 모음으로 시작하는 어미가 붙으면 'ㅂ'이 '오'로 바뀐다.

For the verbs '돕다', '곱다', 'ㅂ' changes to '오' when followed by a vowel.

- 돕다 + 아요 → 도와요
- 곱다 + 아서 → 고와서

'좁다, 입다, 잡다'의 경우에는 모음으로 시작하는 어미가 붙어도 'ㅂ'이 '오/우'로 바뀌지 않는다.

'좁다, 입다, 잡다' are not 'ㅂ' irregular verbs and thus do not follow this rule.

- 방이 좀 좁아요.
- 옷을 많이 입어서 안 추워요.

💡 이 외에도 불규칙에는 'ㄷ 불규칙', '르 불규칙', 'ㅅ 불규칙', 'ㅎ 불규칙' 등이 있다.

In addition to 'ㅂ' irregular verbs, there are '르' irregular, 'ㅅ' irregular, and 'ㅎ' irregular verbs.

빈칸을 채우십시오. Complete the table below.

동사	–아요/어요	–았어요/었어요	–(으)니까	–습니다/ㅂ니다
덥다	더워요	더웠어요	더우니까	덥습니다
춥다				
무겁다				
가볍다				
쉽다				
어렵다				
가깝다				
귀엽다				
고맙다				
맵다				
돕다	도와요	도왔어요	도우니까	돕습니다
곱다				
*입다	입어요	입었어요	입으니까	입습니다
*잡다				
*뽑다				
*좁다				

* '입다, 잡다, 뽑다, 좁다' 등은 규칙 동사이다.

Note that some verbs such as '입다, 잡다, 뽑다', and '좁다' follow the regular conjugation rules.

 대화를 완성하십시오. Complete the dialogues.

> 〈보기〉 가: 오늘 날씨가 어때요?
>
>   나: **더워요.** (덥다)

❶ 가: 광화문에서 경복궁까지 멀어요?

  나: 아니요. ________________ 아요/어요. (가깝다)

❷ 가: 김치찌개가 어때요?

  나: 조금 ________________ 아요/어요. (맵다)

❸ 가: 지난주에 설악산에 갔지요? 어땠어요?

  나: 경치★가 아주 ________________ 았어요/었어요. (아름답다)

★경치: scenery

 대화를 완성하십시오. Complete the dialogues.

뽑다	고맙다	뜨겁다	어렵다

❶ 가: 도와줘서 ________________ 아요/어요.

  나: 아니에요.

❷ 가: 한국어 공부 어때요?

  나: ________________ 지만 재미있어요.

❸ 가: 여기 커피 나왔습니다. ________________ (으)니까 조심하세요.

  나: 네, 고맙습니다.

❹ 가: 이 사진 한 장만 크게 ________________ 아서/어서 주세요.

  나: 네, 알겠습니다.

준비 이민호 선생님께서 왜 기분이 좋지 않을까요?
Why isn't Mr. Lee in a good mood? Think about it.

설명

━┤ 동작동사 **아/어 주다** ┝━

'-아/어 주다, 드리다'는 동작동사 어간에 붙어 주어의 동작이 다른 사람에게 도움이 됨을 나타낸다.

'주다, 드리다' means 'to give'. Attached to the action verb stem, '-아/어 주다, 드리다' indicates that an action is done for the benefit of someone.

- 간호사가 환자를 치료해 줍니다.
- 할아버지, 제가 짐을 들어 드리겠습니다.

다른 사람에게 도움을 부탁할 때는 '-아/어 주세요'를 사용하고 도움을 주고 싶을 때에는 '-아/어 줄까요?, 드릴까요?'를 사용한다. 주로 비공식적인 말하기에서 사용한다.

When asking a favor or asking someone to do something for you, '-아/어 주세요' is used. When offering help or service, '-아/어 줄까요?, 드릴까요?' is used. The two are frequently used in informal speech.

- 호세 씨, 사진 좀 찍어 주세요.
- 왕밍 씨, 제가 볼펜을 빌려 줄까요?

공손함의 정도에 따라 '-아/어 주세요' 〉 '-아/어 주시겠어요?', '-아/어 줄까요?' 〉 '-아/어 드릴까요?'로 사용한다.

The degree of politeness or respectfulness may vary according to the endings. For example, '-아/어 주시겠어요? is politer and more respectful than '-아/어 주세요,' and '-아/어 드릴까요?' is politer and more respectful than '-아/어 줄까요?'.

- 펜 좀 빌려 주세요.

  = 펜 좀 빌려 주시겠어요? (더 공손함)

- 이 펜을 빌려 줄까요?

  = 이 펜을 빌려 드릴까요? (더 공손함)

모음 'ㅏ', 'ㅗ' 뒤에는 '-아 주다'가 붙고 그 외 모음 뒤에는 '-어 주다'가 붙는다. '하다'로 끝나는 경우에는 '-여 주다'가 붙어 '하여 주다'가 되고 이것이 줄어들어 '해 주다'가 된다.

When the last vowel of the verb stem is either 'ㅏ' or 'ㅗ', '-아 주다' is attached to the verb stem. When the last vowel of the verb stem is a vowel other than 'ㅏ' or 'ㅗ', '-어 주다' is attached. For '하다'-ending verbs, '-여 주다' is attached making '하여 주다' which then becomes contracted to '해 주다'.

- 닫다 + 아 주다 → 닫아 주다

- 열다 + 어 주다 → 열어 주다

- 전화하다 + 여 주다 → 전화하여 주다 → 전화해 주다

받침이 없이 'ㅣ', 'ㅗ', 'ㅜ' 로 끝나는 경우에 '-아/어 주다'가 붙으면 축약된다.

When the verb stem ends in 'ㅣ', 'ㅗ' or 'ㅜ', vowel contraction occurs.

- 빌리다 + 어 주다 → 빌려 주다

- 오다 + 아 주다 → 와 주다

🔑 공식적인 말하기에서 부탁할 때에는 '-아/어 주십시오', '-아/어 주시겠습니까?'를 사용한다.

In formal speech, '-아/어 주십시오' ('Please do ~') and '-아/어 주시겠습니까?' ('Would you do ~?') are used.

연습 1 빈칸을 채우십시오. Complete the table below.

동작동사	-아 주다	동작동사	-어 주다
찾다	찾아 주세요	열다	열어 주세요
깎다		바꾸다	
보다		빌리다	
오다		기다리다	
*돕다	도와주세요	*끄다	

* 'ㅂ' 받침 동사 (☞ 문법 58), 으 탈락 동사 (☞ 문법 41)에 주의하십시오.

Pay attention to 'ㅂ' irregular verb (☞ see Grammar 58) and 으 irregular verb. (☞ see Grammar 41)

 다음 대화를 잘 듣고 바로 이어질 행동으로 알맞은 것을 고르십시오.
Listen to the conversation carefully and choose the appropriate action.

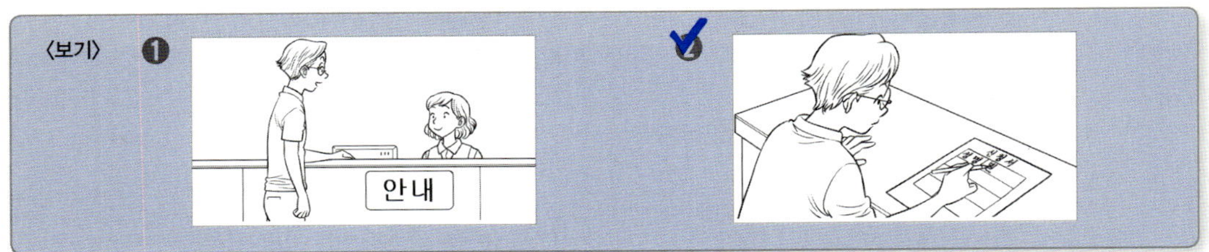

1. 

2. 

3. 

4 

  알맞은 것을 골라 문장을 완성하십시오.
Choose the appropriate one and complete the sentences.

| 켜다 | 빌리다 | 기다리다 | 설명하다 |

---

❶ 사무실 안이 더워요. 에어컨 좀 켜 주세요.

❷ 직원이 곧 올 거예요. 잠깐만 ....

❸ 선생님, 다시 한 번 ....

❹ 빌리 씨, 볼펜 좀 ....

  다음 그림을 보고 문장을 완성해 보십시오.
Look at the picture and complete the dialogue.

| 눌러 주세요 | 들어 주세요 | 찍어 주세요 |

〈보기〉

⇨ 빌리 씨, 이 책 좀 들어 주세요.

❶

⇨ ....

❷

⇨ ....

 이 사람이 무슨 말을 할까요? 이야기해 보십시오. What would the person say? Talk about it.

설명

동작동사 지 말다

'-지 말다'는 동작동사 어간에 붙어 화자가 청자에게 어떤 일이나 동작을 금지함을 나타낸다. '-지 말다'는 명령형 문장과 청유형 문장에 쓰인다.

'-지 말다' is a sentence ending attached to the action verb stem. It is a negative imperative meaning 'Don't do ~' and is used for a command or suggestion.

- 도서관에서는 떠들지 마세요.
- 지금 비가 오니까 오늘은 사진 찍지 맙시다.

'-지 말다'의 '말다'는 ㄹ 받침 동사로, '-(으)세요, -(으)ㅂ시다, -(으)십시오'와 결합할 경우 '-지 마세요, -지 맙시다, -지 마십시오'로 활용한다.

'말다' in '-지 말다' is a '-ㄹ' ending verb. When it is followed by '-(으)세요, -(으)ㅂ시다, -(으)십시오', 'ㄹ' is dropped resulting in '-지 마세요, -지 맙시다, -지 마십시오'.

 표지판을 보고 쓰십시오. Look at the sign and write what it means.

주차하다　　　　　　　사진을 찍다　　　　　　담배를 피우다

쓰레기를 버리다　　　　휴대 전화를 사용하다

〈보기〉  ⇨ <u>담배를 피우지 마십시오.</u>

❶  ⇨ ....

❷  ⇨ ....

❸  ⇨ ....

❹  ⇨ ....

다음 장소에서는 무엇을 하지 말아야 합니까?
What should you not do in the following places?

❶
⇨ 음식을 먹지 마세요.

⇨

⇨

❷
⇨

⇨

⇨

메모

준비 알맞은 것을 연결하십시오. Match the following correctly.

비가 옵니다 •

날씨가 덥습니다 •

• **가** 에어컨을 켤까요?

• **나** 우산을 가지고 가세요

설명

동사 (으)니까 (1)

'-(으)니까'는 동사 어간에 붙어 선행절이 후행절의 이유임을 나타낸다. 보통 화자의 생각을 바탕으로 한 판단이나 화자의 약속, 제안, 명령에 대한 이유를 나타낸다.

'-(으)니까' ('because, since, as') is a clausal connector and can be attached to the verb stem. It indicates that the preceding clause is the reason for an action or state in the following clause. It usually indicates the reason that is based on the speaker's judgment or thought or the reason for the speaker's promise, suggestion, or command/request.

- 날씨가 좋으니까 같이 공원에서 산책합시다.
- 비가 오니까 우산을 가지고 가세요.

'-(으)니까'는 동사에 시제 표현이 붙을 수 있다.

Tense markers can be attached to '-(으)니까'.

- 오늘은 너무 늦었으니까 내일 다시 전화할게요.
- 내일은 등산을 갈 거니까 등산화를 신고 오세요.

받침이 있는 동사에는 '-으니까'가 붙고 받침이 없는 동사에는 '-니까'가 붙는다.

After a consonant-ending noun, '-으니까' is used. After a vowel-ending noun, '-니까' is attached.

- 많다 + 으니까 → 많으니까
- 가다 + 니까 → 가니까

🔑 명사의 경우에는 '(이)니까'가 붙는다. (☞ 문법 62)
For a noun, '(이)니까' is used. (☞ see Grammar 62)

  빈칸을 채우십시오. Complete the table below.

동사	–으니까	동사	–니까
웃다	웃으니까	보다	보니까
앉다		끝나다	
넓다		바쁘다	
맛있다		배고프다	
덥다		*불다	

* 'ㄹ' 받침 동사는 '–니까'로 활용한다.
  When a ㄹ-ending verb is used with '–니까', 'ㄹ' is dropped and then '–니까' is attached.

  알맞은 것을 연결하고 문장을 쓰십시오.
Match the following correctly and then create sentences below.

❶ 눈이 오다	•	•	도와 드릴게요
❷ 시간이 없다	•	•	등산을 갑시다
❸ 바람이 많이 불다	•	•	택시를 탈까요?
❹ 오늘 날씨가 좋다	•	•	창문을 닫을까요?
❺ 제가 시간이 있다	•	•	운전 조심하세요

❶ 눈이 오니까 운전 조심하세요.

❷

❸

❹

❺

 대화를 완성하십시오. Complete the dialogues.

> 〈보기〉　가: 택시를 타고 갈까요?
>
> 　　　　나: **가까우니까** 걸어가요.

❶ 가: 오늘 시간 있어요? 같이 영화 봐요.

　나: 미안해요. 오늘은 ＿＿＿＿＿＿＿＿＿＿ 다음에 같이 봐요.

❷ 가: 이 식당에서 밥을 먹을까요?

　나: 여기는 사람이 ＿＿＿＿＿＿＿＿＿＿ 다른 식당으로 가요.

❸ 가: 날씨가 ＿＿＿＿＿＿＿＿＿＿ 에어컨을 켤까요?

　나: 네, 좋아요.

메모

준비 **그림을 보고 선생님이 무슨 말을 했을지 이야기해 보십시오.**
Look at the picture and talk about what the teacher would have said.

설명

┌ 명사 (이)니까 ┐

‘(이)니까’는 명사 뒤에 붙어 선행절이 후행절의 이유임을 나타낸다. 보통 화자의 생각을 바탕으로 한 판단이나 화자의 약속, 제안, 명령에 대한 이유를 나타낸다.
‘(이)니까’ ('because, since, as') is attached to nouns and indicates that the preceding clause is the reason for an action or state in the following clause. It usually indicates the reason that is based on the speaker's judgment or thought or the reason for the speaker's promise, suggestion, or command/request.

- 퇴근 시간이니까 버스를 타는 게 좋겠어요.
- 이건 포도 주스니까 드세요.

받침이 있는 명사에는 ‘이니까’가 붙고 받침이 없는 명사에는 ‘니까’가 붙는다.
After a consonant-ending noun, ‘이니까’ is used and after a vowel-ending noun ‘니까’ is attached.

- 도서관 + 이니까 → 도서관이니까
- 포도 주스 + 니까 → 포도 주스니까

받침이 없는 명사에는 ‘니까’가 붙지만 종종 ‘이니까’가 붙기도 한다.
After a vowel-ending noun, ‘이니까’ can also be used instead of ‘니까’.

- 몸살감기니까 푹 쉬세요.　 = 몸살감기이니까 푹 쉬세요.

🔑 ‘(이)니까’는 ‘-(으)니까’와 의미와 제약이 동일하다. (☞ 문법 61)
‘(이)니까’ and ‘-(으)니까’ share the same meaning and restrictions. (☞ see Grammar 61)

 빈칸을 채우십시오. Complete the table below.

명사	이니까	명사	니까
극장	극장이니까	회사	회사니까
기차역		친구	
일요일		휴가	
방학		취미	

연습2 문장을 완성하십시오. Match the following correctly and then create sentences below.

장마철★　　　국제전화　　　빌리 생일　　　점심시간　　　도서관

❶ 장마철이니까 비가 많이 와요.　　　❷ _______________ 요금이 비싸요.

❸ _______________ 다시 오세요.　　　❹ _______________ 선물을 살까요?

❺ _______________ 조용히 하세요.

★장마철: the rainy season

연습3 알맞은 것을 연결하고 문장을 쓰십시오. Match the appropriate ones and create sentences.

❶ 월말이다 　　　　　　　　　　　　여행을 갑시다

❷ 다음 주가 시험 기간이다 　　　　　열심히 공부하세요

❸ 이번 주부터 휴가이다 　　　　　　잠시 후에 전화해 주세요

❹ 지금 회의 중이다 　　　　　　　　은행에 사람이 많을 거예요

❶ 월말이니까 은행에 사람이 많을 거예요.

❷ _______________________________________

❸ _______________________________________

❹ _______________________________________

부록

모범 답안

듣기 지문

문법 색인

01 명사 입니다, 명사 입니까?

준비

머리, 공항, 야구, 한국어

연습 1

❷ 시계
❸ 우산
❹ 모자
❺ 바지
❻ 치마
❼ 사진
❽ 운동화

연습 2

❶ 아버지
❷ 어머니
❸ 형
❹ 누나
❺ 여동생
❻ 남동생

연습 3

❷ 백화점입니다.
❸ 서점입니다.
❹ 빵집입니다.
❺ 식당입니다.
❻ 우체국입니다.
❼ 은행입니다.
❽ 약국입니다.

연습 4

어디입니까?	누구입니까?	무엇입니까?
식당입니다. 우체국입니다. 은행입니다. 학교입니다.	누나입니다. 동생입니다. 빌리입니다. 선생님입니다. 친구입니다. 어머니입니다.	가방입니다. 모자입니다. 신발입니다. 안경입니다. 우산입니다.

02 명사 은/는 (1)

준비

❶ 는
❷ 은
❸ 는
❹ 은

연습 1

명사	은	명사	는
선생님	선생님은	빌리	빌리는
회사원	회사원은	시계	시계는
가방	가방은	의자	의자는
창문	창문은	여기	여기는
화장실	화장실은	저기	저기는

연습 2

❶ 여기는 은행입니다.
❷ 저기는 도서관입니다.
❸ 리사는 제 친구입니다.
❹ 제 고향은 제주도입니다.

연습 3

❶ 는
❷ 은

연습 4

예)
• 이 사람은 제임스입니다.
  제임스는 미국 사람입니다.
  제임스는 경희대학교 학생입니다.
  제 친구입니다.

03 이, 그, 저

준비

❶ 이, 이
❷ 저, 저

연습 1

1. ❶ 이 사람은
   ❷ 이 사람은
   ❸ 이 사람은
2. ❶ 저 사람은
   ❷ 저 사람은
   ❸ 저 사람은

연습 2

❷ — 마
❸ — 가
❹ — 라
❺ — 다

04 동사 습니다/ㅂ니다, 동사 습니까?/ㅂ니까?

준비

보다, 오다, 크다, 그리다

연습 1

동작동사: 먹다, 보다, 사다, 오다, 읽다, 자다, 운동하다
상태동사: 싸다, 작다, 크다, 예쁘다, 친절하다

연습 2

동사	–습니다	동사	–ㅂ니다
읽다	읽습니다	오다	옵니다
많다	많습니다	크다	큽니다
작다	작습니다	예쁘다	예쁩니다
있다	있습니다	운동하다	운동합니다
없다	없습니다	친절하다	친절합니다

동사	–습니까?	동사	–ㅂ니까?
웃다	웃습니까?	자다	잡니까?
춥다	춥습니까?	싸다	쌉니까?
덥다	덥습니까?	비싸다	비쌉니까?
맛있다	맛있습니까?	노래하다	노래합니까?
재미있다	재미있습니까?	요리하다	요리합니까?

연습 3

❷ 읽습니다
❸ 갑니다
❹ 옵니다
❺ 잡니다
❻ 요리합니다
❼ 노래합니다
❽ 운동합니다
❾ 큽니다
❿ 작습니다
⓫ 많습니다
⓬ 적습니다

연습 4

❷ 가르칩니다, 배웁니다
❸ 많습니다, 적습니다
❹ 맛있습니다, 맛없습니다
❺ 쌉니다, 비쌉니다
❻ 큽니다, 작습니다

연습 5

❶ 갑니다.
❷ 운동합니다.
❸ 많습니다.
❹ 적습니다.
❺ 옵니까?
❻ 잡니까?
❼ 맛있습니까?
❽ 재미있습니까?

05 명사 이/가

준비

❶ 가
❷ 이
❸ 가
❹ 이

연습 1

명사	이	명사	가
선생님	선생님이	회사	회사가
우체국	우체국이	누나	누나가
휴게실	휴게실이	오빠	오빠가
이름	이름이	*저	제가
가방	가방이	*누구	누가

연습 2

❷ 이
❸ 이
❹ 가
❺ 이
❻ 가

연습 3

❶ 저기가 영화관입니다.
❷ 이 사람이 제 오빠입니다.
❸ 서점이 어디입니까?

❹ 이것이 무엇입니까?
❺ 모자가 작습니다.
❻ 우산이 예쁩니다.
❼ 불고기가 맛있습니다.
❽ 동생이 착합니다.

❶ 가
❷ 이, 가

06 명사 이/가 아니다

언니

명사	이 아니다
가방	가방이 아닙니다
도서관	도서관이 아닙니다
한국 사람	한국 사람이 아닙니다
명사	가 아니다
커피	커피가 아닙니다
옷 가게	옷 가게가 아닙니다
빌리	빌리가 아닙니다

예)
• 가: 학생입니까?
  나: 학생이 아닙니다.
• 가: 미국 사람입니까?
  나: 미국 사람이 아닙니다.
• 가: 여자입니까?
  나: 여자가 아닙니다.
• 가: 아이입니까?
  나: 아이가 아닙니다.

07 동사 아요/어요

1. ❶
2. ❶

동사	-아요	동사	-어요	동사	-해요
앉다	앉아요	웃다	웃어요	전화하다	전화해요
좋다	좋아요	있다	있어요	요리하다	요리해요

동사	-아요	동사	-어요
만나다	만나요	가르치다	가르쳐요
타다	타요	배우다	배워요
오다	와요	보내다	보내요
보다	봐요	쉬다	쉬어요

❷ 많아요
❸ 자요
❹ 가요
❺ 와요
❻ 봐요
❼ 먹어요
❽ 읽어요
❾ 그려요
❿ 전화해요
⓫ 적어요
⓬ 마셔요
⓭ 맛있어요
⓮ 깨끗해요
⓯ 작아요

❶ 책이 많아요.
❷ 구두가 싸요.
❸ 영화가 재미있어요.
❹ 올가가 운동해요.
❺ 방이 깨끗해요.

예)
❶ 운동해요.
❷ 이야기해요.
❸ 산책해요. / 이야기해요.
❹ 웃어요.
❺ 산책해요. / 이야기해요.
  웃어요.
❻ 자요.

08 명사 이에요/예요

준비

❶ 2
❷ 1

연습 1

명사	이에요	명사	예요
생일	생일이에요	고양이	고양이예요
병원	병원이에요	회사	회사예요
한국 사람	한국 사람이에요	빌리	빌리예요

연습 2

❶ 여기가 우체국이에요.
❷ 저기가 기숙사예요.
❸ 그 사람이 회사원이에요.
❹ 이 사람이 제 남자 친구예요.
❺ 내일이 제 생일이에요.

연습 3

❶ 미국 사람이 아니에요. 프랑스 사람이에요.
❷ 커피가 아니에요. 주스예요.
❸ 형이 아니에요. 동생이에요.
❹ 셔츠가 아니에요. 치마예요.

09 명사 을/를

준비

❶ 을
❷ 를
❸ 를
❹ 을

연습 1

명사	을	명사	를
책	책을	시계	시계를
사진	사진을	친구	친구를
운동	운동을	영화	영화를

연습 2

❷ 손을 씻어요.
❸ 물을 마셔요.
❹ 영화를 봐요.
❺ 운동을 해요.

❻ 책을 읽어요.

연습 3

❶ 리사가 책을 읽어요.
❷ 동생이 옷을 입어요.
❸ 다니엘이 사과를 사요.
❹ 호세가 커피를 마셔요.

연습 4

❶ 한국어를 공부해요.
❷ 편지를 보내요.
❸ 영화를 봐요.
❹ 구두를 사요.

연습 5

예)
• 제시카가 커피를 마셔요.
• 나타폰이 전화를 해요.
• 크리스가 신문을 읽어요.

10 한자어 수 (1)

준비

일, 이, 삼, 사, 오, 육, 칠, 팔, 구, 십

연습 2

❶ 삼십
❷ 칠십삼
❸ 오십구
❹ 십육
❺ 구십이
❻ 육십일
❼ 이십팔
❽ 백육십칠
❾ 삼백육십오
❿ 팔백삼십사

연습 3

❷ 11
❸ 29
❹ 92
❺ 57
❻ 43
❼ 66
❽ 330
❾ 504
❿ 718

연습 4
❶ 200
❷ 470
❸ 720
❹ 1,500
❺ 3,900
❻ 5,480

연습 5
❶ 공이 삼이팔에 사오구삼
❷ 공이 구공공에 팔칠이일
❸ 공이 삼일이사에 팔칠오육
❹ 공삼일 이공일에 삼일일사
❺ 공칠공 팔이오삼에 이삼팔사
❻ 일오팔팔에 삼공칠이
❼ 공일공 구사이팔에 이공오공
❽ 공일공 이이일이에 팔구칠공
❾ 공일공 육삼칠육에 오공육이

연습 6
❶ ◯
❷ ✕
❸ ◯
❹ ✕

11 명사 에 가다

준비
❷

연습 1
❶ 리사가 식당에 갑니다.
❷ 호세가 은행에 갑니다.
❸ 형이 학교에 옵니다.
❹ 칼리드가 학교에 옵니다.
❺ 제시카가 회사에 다닙니다.

연습 2
❶ 여의도에 가요.
❷ 식당에 가요.
❸ 나타폰이 파티에 와요.

12 명사 에 있다

준비
❶ 2

❷ 1

연습 1
❶ 컴퓨터가 교실에 있습니다.
❷ 텔레비전이 제 방에 없습니다.
❸ 책이 서점에 많습니다.
❹ 나무가 공원에 많습니다.

연습 2
❶ 가족이 고향에 있어요.
❷ 외국 식당이 이태원에 많아요.
❸ 방에 침대가 있어요.
❹ 교실에 학생이 있어요.

연습 3
예)
• 방에 의자가 있어요.
• 방에 책상이 있어요.
• 방에 컴퓨터가 있어요.
• 방에 시계가 있어요.
• 방에 옷장이 있어요.
• 방에 책장이 있어요.
• 방에 꽃병이 있어요.
• 방에 창문이 있어요.

13 한자어 수 (2)

준비

컴퓨터가 이백만 원입니다.

연습 1

2일	3일	4일	5일	6일	7일	8일	9일	10일	11일	12일
이일	삼일	사일	오일	육일	칠일	팔일	구일	십일	십일일	십이일

2월	3월	4월	5월	7월	8월	9월	11월	12월
이월	삼월	사월	오월	칠월	팔월	구월	십일월	십이월

연습 2
❷ 이월 십사일
❸ 삼월 일일
❹ 오월 오일
❺ 유월 육일
❻ 팔월 십오일
❼ 시월 삼일
❽ 시월 구일
❾ 십일월 십일일
❿ 십이월 이십오일

연습 3

① 오월 오일이에요.
② 오월 십오일이에요.
③ 오월 십삼일이에요.
④ 오월 이십육일이에요.

연습 4

예)
가: 생일이 언제예요?
나: 구월 삼십일이에요.
가: 전화번호가 몇 번이에요?
나: 공일공 삼육구칠에 오삼이이에요.

연습 5

① 육천구백 원
② 만 칠천오백 원
③ 삼만 천 원
④ 오만 팔천 원
⑤ 칠만 이천 원
⑥ 구만 구천 원
⑦ 육십사만 원
⑧ 이백오십만 원
⑨ 천삼백만 원

연습 6

① ✔ 2,900원
② ✔ 6,800원
③ ✔ 3,300원

14 　동작동사　고 싶다

준비

"피자를 먹고 싶어요."

연습 1

동작동사	-고 싶어요	-고 싶습니다
읽다	읽고 싶어요	읽고 싶습니다
사다	사고 싶어요	사고 싶습니다
보다	보고 싶어요	보고 싶습니다

연습 2

① 저는 축구를 하고 싶습니다.
② 저는 컴퓨터를 사고 싶습니다.
③ 저는 한국 드라마를 보고 싶습니다.
④ 저는 부산에 가고 싶습니다.

연습 3

① 저는 제주도에 가고 싶어요.
② 저는 휴대폰을 사고 싶어요.
③ 저는 자동차를 받고 싶어요.
④ 저는 리사하고 영화를 보고 싶어요.

15 　동작동사　고 싶어 하다

준비

햄버거를 먹고 싶어 해요.

연습 1

동작동사	-고 싶어 해요	-고 싶어 합니다
읽다	읽고 싶어 해요	읽고 싶어 합니다
사다	사고 싶어 해요	사고 싶어 합니다
보다	보고 싶어 해요	보고 싶어 합니다

연습 2

① 호세는 영화를 보고 싶어 합니다.
② 리사는 수영을 하고 싶어 합니다.
③ 나타폰은 시계를 사고 싶어 합니다.
④ 다니엘은 제주도에 가고 싶어 합니다.

연습 3

② 이 사람은 컴퓨터를 사고 싶어 해요.
③ 이 사람은 옷을 사고 싶어 합니다.
④ 이 사람은 바다에 가고 싶어 해요.

연습 4

① 아르바이트를 하고 싶어 해요.
② 여행을 하고 싶어 해요.
③ 태권도를 계속 배우고 싶어 해요.

연습 5

① 집을 사고 싶어 합니다.
② 세계 여행을 하고 싶어 합니다.
③ 저금을 하고 싶어 합니다.
④ 다른 사람을 돕고 싶어 합니다.

16 　명사　하고

준비

예) 냉장고 안에 사과, 케이크, 물이 있습니다.

연습 1

❶ 형하고 누나가
❷ 지갑하고 휴대 전화가
❸ 옷 가게하고 신발 가게가
❹ 봄하고 가을을
❺ 한국어하고 한국 문화를
❻ 등산화하고 배낭을
❼ 김밥하고 라면를
❽ 부산하고 제주도

연습 2

❷ 부모님하고 경복궁을 구경해요.
❸ 선배하고 커피를 마셔요.
❹ 남자 친구/ 여자 친구하고 영화를 봐요.
❺ 동생하고 게임을 해요.
❻ 우리 반 친구들하고 등산을 가요.

17 명사 에서

준비

❷ – ㉣
❸ – ㉮
❹ – ㉤

연습 1

❶ 백화점에서 부모님 선물을 사요.
❷ 미용실에서 머리를 깎아요.
❸ 야구장에서 야구 경기를 봐요.
❹ 은행에서 돈을 찾아요.
❺ 집 근처에서 산책해요.
❻ 놀이공원에서 놀이 기구를 타요.

연습 2

예)
· 방에서 책을 읽어요.
· 방에서 공부를 해요.
· 방에서 전화를 해요.
· 방에서 자요.
· 거실에서 텔레비전을 봐요.
· 거실에서 가족하고 이야기를 해요.
· 거실에서 숙제를 해요.
· 부엌에서 요리를 해요.
· 부엌에서 밥을 먹어요.
· 서재에서 책을 읽어요.
· 서재에서 인터넷을 해요.
· 서재에서 숙제를 해요.
· 화장실에서 손을 씻어요.
· 화장실에서 세수를 해요.
· 화장실에서 샤워를 해요.

종합 연습

❶ 에
❷ 에
❸ 에서
❹ 에
❺ 에서
❻ 에
❼ 에서
❽ 에서

18 고유어 수 (1)

준비

하나, 둘, 셋, 넷, 다섯, 여섯, 일곱, 여덟, 아홉, 열

연습 2

❶ 다섯
❷ 열하나
❸ 열여섯
❹ 스물
❺ 스물넷
❻ 서른아홉
❼ 마흔둘
❽ 쉰일곱
❾ 예순셋
❿ 여든여덟

연습 3

❶ 6
❷ 12
❸ 14
❹ 19
❺ 20
❻ 25
❼ 33
❽ 37
❾ 50
❿ 70

연습 4

❶ 12
❷ 19
❸ 23
❹ 28
❺ 36

❻ 45

19 동작동사 (으)세요

준비

"책을 펴세요." / "책을 읽으세요."

연습 1

동작동사	-으세요	동작동사	-세요
앉다	앉으세요	오다	오세요
씻다	씻으세요	사다	사세요
찾다	찾으세요	쓰다	쓰세요
찍다	찍으세요	기다리다	기다리세요
*먹다, 마시다	드세요	주다	주세요
*있다	계세요	*자다	주무세요

연습 2

❶ 쓰세요.
❷ 받으세요.
❸ 가세요.
❹ 주세요.
❺ 기다리세요.

연습 3

❶ 씻으세요.
❷ 찾으세요.
❸ 끄세요.
❹ 타세요.

연습 4

❶ 2
❷ 4
❸ 1
❹ 3

20 명사 은/는 (2)

준비

- 빌리는 남자입니다. 수지는 여자입니다.
- 빌리는 미국 사람입니다. 수지는 한국 사람입니다.
- 빌리는 학생입니다. 수지는 회사원입니다.

연습 1

❶ 여름은, 겨울은

❷ 야구공은, 축구공은
❸ 마트는, 백화점은
❹ 중국은, 미국은

연습 2

예)

- 여학생은 많습니다. 하지만 남학생은 적습니다.
- 방은 큽니다. 하지만 화장실은 작습니다.
- 봄은 좋아합니다. 하지만 겨울은 싫어합니다.
- 주스는 맛있습니다. 하지만 녹차는 맛없습니다.
- 드라마는 재미있습니다. 하지만 뉴스는 재미없습니다.
- 한국어는 쉽습니다. 하지만 프랑스어는 어렵습니다.
- 한국어는 압니다. 하지만 중국어는 모릅니다.

21 고유어 수 (2)

준비

- 공이 한 개 있습니다.
- 구두가 두 켤레 있습니다.
- 책이 세 권 있습니다.
- 커피가 네 잔 있습니다.

연습 2

❶ 한 개
❷ 세 개
❸ 다섯 개
❹ 열 개

연습 3

❶ 친구, 학생
❷ 생선, 강아지, 고양이
❸ 우표, 종이, 기차표
❹ 옷, 양복, 한복
❺ 구두, 신발, 양말
❻ 냉장고, 자동차, 자전거

연습 4

예)

- 거실에 할아버지가 한 분 계십니다.
- 거실에 할머니가 한 분 계십니다.
- 거실에 커피가 두 잔 있습니다.
- 거실에 텔레비전이 한 대 있습니다.
- 거실에 책이 세 권 있습니다.
- 부엌에 사과가 다섯 개 있습니다.
- 부엌에 물이 한 병 있습니다.
- 부엌에 음료수가 여섯 병 있습니다.

연습 5

1. ❶
2. ❷
3. ❸

연습 6

❷ 두, 사십오
❸ 네, 십오
❹ 다섯, 삼십
　 다섯
❺ 여섯, 오십
　 일곱, 십
❻ 열한, 오십오
　 열두, 오

연습 7

❶ 1:25
❷ 5:45
❸ 12:37
❹ 3:30
❺ 9:50
❻ 6:55

22　명사 (으)로 (1)

준비

오른쪽으로 100미터 가세요.

연습 1

명사	으로	명사	로
왼쪽	왼쪽으로	뒤	뒤로
1층	1층으로	지하★	지하로
앞	앞으로	프랑스	프랑스로
밖	밖으로	★화장실	화장실로
일본	일본으로	★사무실	사무실로

연습 2

❶ 으로
❷ 으로
❸ 으로
❹ 로
❺ 으로

연습 3

❶ 저쪽으로 가세요.

❷ 지하로 내려가세요.
❸ 사무실로 오세요.
❹ 7층으로 올라가세요.

연습 4

❶ 3
❷ 1
❸ 4
❹ 2

23　명사 에

준비

❶ 아침 7시 반에 아침을 먹어요.
❷ 오전 10시에 한국어를 공부해요.
❸ 오후 5시에 운동을 해요.
❹ 저녁 8시에 텔레비전을 봐요.

연습 1

❶ 오후에 친구를 만나요.
❷ 밤에 텔레비전을 봐요.
❸ 이번 주말에 부산에 가요.
❹ 토요일에 데이트를 해요.
❺ 12월 30일에 고향에 돌아가요.
❻ 내년에 대학교에 입학해요.
❼ 내일 시험을 봐요.
❽ 매일 공원에서 산책해요.

연습 2

예)
❶ 아침에 빵하고 우유를 먹어요.
❷ 점심에 학생 식당에서 밥을 먹어요.
❸ 오늘 저녁에 친구를 만나요.
❹ 방학에 중국으로 여행을 가요.
❺ 저녁에 숙제를 해요.
❻ 내년에 고향에 돌아가요.

24　동사 (으)세요?

준비

어디에 가세요?

연습 1

동사	-으세요?	동사	-세요?
입다	입으세요?	보다	보세요?
작다	작으세요?	예쁘다	예쁘세요?

재미있다	재미있으세요?	아프다	아프세요?
*먹다, 마시다	드세요?	주다	주세요?
*있다	계세요?	*자다	주무세요?

연습 2

❶ 아프세요?
❷ 쇼핑하세요?
❸ 좋아하세요?
❹ 돌아가세요?
❺ 찾으세요?

25 동사 았/었

준비

만났어요.

연습 1

동사	-았습니다	동사	-었습니다	동사	-했습니다
놀다	놀았습니다	적다	적었습니다	이야기하다	이야기했습니다
많다	많았습니다	있다	있었습니다	일하다	일했습니다
좋다	좋았습니다	웃다	웃었습니다	운동하다	운동했습니다
가다	갔습니다	쉬다	쉬었습니다	친절하다	친절했습니다
만나다	만났습니다	주다	주었습니다	깨끗하다	깨끗했습니다
오다	왔습니다	배우다	배웠습니다	사랑하다	사랑했습니다
보다	봤습니다	마시다	마셨습니다	질문하다	질문했습니다

연습 2

❶ 영화를 봤어요.
❷ 남산에 갔어요.
❸ 야구장에 갔어요.
❹ 이사를 했어요.
❺ 대학교에 입학했어요.
❻ 날씨가 좋았어요.
❼ 제 동생은 운동선수였어요.

연습 3

❶ 만났어요.
❷ 봤어요.
❸ 재미있었어요.
❹ 먹었어요.
❺ 맛있었어요.

연습 4

예)
❶ 어제 열 시에 집에 갔어요.

❷ 지난 주말에 친구하고 영화를 봤어요.
❸ 작년 3월에 한국에 왔어요.
❹ 동대문 시장에서 구두를 샀어요.
❺ 네, 드라마가 재미있었어요.

26 명사 부터 명사 까지

준비

• 9시부터 10시까지 뉴스를 합니다.
• 10시부터 10시 50분까지 드라마를 합니다.
• 10시 50분부터 11시까지 스포츠 뉴스를 합니다.
• 11시부터 토크쇼를 합니다.

연습 1

❶ 부터, 까지
❷ 금요일부터 일요일까지
❸ 12시부터 1시까지
❹ 7월 1일부터 3일까지

연습 2

예)
❶ 9시부터 1시까지 한국어 수업이 있어요.
❷ 1시부터 2시까지 점심시간이에요.
❸ 저녁 7시부터 8시까지 숙제를 했어요.
❹ 9월 1일부터 9월 30일까지 방학이에요.

연습 3

예)
❶ 작년부터 한국에 살았어요.
❷ 10시부터 시작해요.
❸ 8시 50분까지 학교에 와요.
❹ 내년 2월까지 한국어를 공부해요.

27 안 동사

준비

✓ 아니요

연습 1

동사	안 동사	동사	명사 안 하다
가다	안 가요	운동하다	운동 안 해요
피곤하다	안 피곤해요	전화하다	전화 안 해요
좋아하다	안 좋아해요	청소하다	청소 안 해요

1. ❶
2. ❷
3. ❷
4. ❶

연습 3

❶ 커피를 안 마셔요.
❷ 배가 안 고파요.
❸ 매일 운동 안 해요.
❹ 주말에 청소 안 했어요.

연습 4

❶ 중국어를 안 배웁니다.
❷ 라면을 안 좋아해요.
❸ 어제 숙제 안 했어요.
❹ 한국 친구가 없습니다.
❺ 선생님 전화번호를 몰라요.

28 동사 지 않다

준비

대학생이 아닙니다, 없습니다

연습 1

❶ 비가 오지 않습니다.
❷ 커피를 마시지 않습니다.
❸ 일요일에 문을 닫지 않습니다.
❹ 시장에 사람이 많지 않았습니다.

연습 2

❶ 타지 않습니다.
❷ 가르치지 않습니다.
❸ 보지 않습니다.
❹ 작지 않습니다, 크지 않습니다.

연습 3

❶ 많지 않습니다.
❷ 고프지 않습니다.
❸ 피우지 않습니다.
❹ 늦지 않았습니다.

29 명사 도

준비

예)
빌리는 커피를 마십니다. 지훈도 커피를 마십니다. 리사는 이야기를 합니다. 유진은 케이크를 먹습니다.

연습 1

❶ 나무가, 꽃
❷ 화장실이, 슈퍼마켓
❸ 오리가, 토끼
❹ 빌리가, 다니엘
❺ 과일을, 차

연습 2

❶ 침대가 있어요. 책상도 있어요.
❷ 꽃이 많아요. 나무도 많아요.
❸ 책을 읽어요. 잡지도 읽어요.
❹ 우유를 사요. 주스도 사요.
❺ 비빔밥을 좋아해요. 불고기도 좋아해요.

연습 3

❶ 리사도 텔레비전을 봅니다.
❷ 다니엘도 이야기를 해요.
❸ 크리스도 과자를 먹어요.

30 의문사

준비

❷ – 다
❸ – 나

연습 1

❶ 제 동생
❷ 백화점
❸ 지하철
❹ 다음 방학

연습 2

❶ 어느
❷ 무슨
❸ 뭘
❹ 어디
❺ 누구

연습 3

예)
❶ 친구하고 영화를 봐요.
❷ 명동에서 친구를 만나요.
❸ 여름을 좋아해요.
❹ 모두 다섯 명이에요.
❺ 피자를 먹고 싶어요.

연습 4

예)
- 가: 고향이 어디예요?
  나: 제 고향은 미국 뉴욕이에요.
- 가: 생일이 언제예요?
  나: 9월 30일이에요.
- 가: 이메일 주소가 뭐예요?
  나: etoile@khu.ac.kr이에요.
- 가: 누구하고 점심을 먹어요?
  나: 언니하고 점심을 먹어요.
- 가: 어디에서 숙제해요?
  나: 도서관에서 숙제해요.

31 동작동사 (으)ㄹ 거예요 (1)

준비

했어요, 해요, 할 거예요

연습 1

동사	-을 거예요	동사	-ㄹ 거예요
읽다	읽을 거예요	보다	볼 거예요
씻다	씻을 거예요	공부하다	공부할 거예요
찾다	찾을 거예요	*놀다	놀 거예요

연습 2

예)
❶ 가: 주말에 친구를 만날 거예요?
   나: 네, 주말에 친구를 만날 거예요.
      / 아니요, 친구를 안 만날 거예요.
❷ 가: 주말에 도서관에서 공부할 거예요?
   나: 네, 주말에 도서관에서 공부할 거예요.
      / 아니요, 도서관에서 공부 안 할 거예요.
❸ 가: 주말에 데이트를 할 거예요?
   나: 네, 주말에 데이트를 할 거예요.
      / 아니요, 데이트를 하지 않을 거예요.
❹ 가: 주말에 집에서 쉴 거예요?
   나: 네, 주말에 집에서 쉴 거예요.
      / 아니요, 반 친구들하고 등산을 갈 거예요.

❺ 가: 주말에 영화를 볼 거예요?
   나: 네, 주말에 영화를 볼 거예요.
      / 아니요, 영화 안 볼 거예요.
❻ 가: 주말에 운동할 거예요?
   나: 네, 주말에 운동할 거예요.
      / 아니요, 운동 안 할 거예요.
❼ 가: 주말에 책을 읽을 거예요?
   나: 네, 주말에 책을 읽을 거예요.
      / 아니요, 책을 읽지 않을 거예요.
❽ 가: 주말에 친구하고 놀 거예요?
   나: 네, 주말에 친구하고 놀 거예요.
      / 아니요, 이번 주말은 가족과 함께 보낼 거예요.

종합 연습

❶ 전화해요.
❷ 축구해요.
❸ 마셔요.
❹ 샤워해요.
❺ 읽었어요.
❻ 쇼핑했어요.
❼ 만났어요.
❽ 오지 않았어요.
❾ 산책할 거예요.
❿ 올 거예요.
⓫ 볼 거예요.
⓬ 올 거예요. / 샀어요. / 만들어요.
⓭ 떠요.
⓮ 둥글어요.
⓯ 가지 않아요
⓰ 전화해요?
⓱ 일어나요?
⓲ 안 마셔요?
⓳ 공부했어요?
⓴ 먹을 거예요?

32 명사 께서 동사 (으)십니다

준비

아이가 높임말을 사용하지 않았습니다.

연습 1

손님, 사장님, 선생님, 아버지, 어머니, 할머니, 할아버지

연습 2

동사	-(으)시다	-(으)십니다
가다	가시다	가십니다
멋있다	멋있으시다	멋있으십니다

친절하다	친절하시다	친절하십니다
*먹다, 마시다	드시다	드십니다
*자다	주무시다	주무십니다
*있다	계시다	계십니다
*없다	안 계시다	안 계십니다

❶ 선생님께서 한국어를 가르치십니다.
❷ 사장님께서 신문을 읽으십니다.
❸ 어머니께서 이메일을 보내십니다.
❹ 할머니께서 아침을 드십니다.
❺ 선생님께서 커피를 드십니다.
❻ 아버지께서 주무십니다.
❼ 외할머니께서 계십니다.
❽ 외할아버지께서 안 계십니다.

입니다, 공부합니다, 께서는, 계십니다, 께서, 오십니다,
옵니다, 께서, 하셨습니다, 했습니다.

33 명사 만

예) 리사만 책을 봅니다.

❶ 책만 있어요.
❷ 요가만 배워요.
❸ 한국어만 사용해요.
❹ 영화만 봤어요.

1. ❶
2. ❷
3. ❶

34 동작동사 (으)ㄹ까요? (1)

같이 영화 볼까요?

동사	−을까요?	동사	−ㄹ까요?
찍다	찍을까요?	보다	볼까요?
읽다	읽을까요?	만나다	만날까요?
앉다	앉을까요?	공부하다	공부할까요?
*만들다	만들까요?	*놀다	놀까요?

❶ 볼까요
❷ 살까요
❸ 공부할까요
❹ 마실까요

35 동작동사 (으)ㅂ시다

같이 영화를 봅시다.

동사	−읍시다	동사	−ㅂ시다
찍다	찍읍시다	보다	봅시다
읽다	읽읍시다	만나다	만납시다
앉다	앉읍시다	공부하다	공부합시다

❶ 가: 여기에서 사진을 찍을까요?
　 나: 네, 여기에서 사진을 찍읍시다.
❷ 가: 사과를 살까요?
　 나: 네, 사과를 삽시다.
❸ 가: 의자에 앉을까요?
　 나: 네, 의자에 앉읍시다.
❹ 가: 영화를 볼까요?
　 나: 네, 영화를 봅시다.
❺ 가: 한국 영화를 볼까요?
　 나: 네, 한국 영화를 봅시다.
❻ 가: 커피를 마실까요?
　 나: 네, 커피를 마십시다.
❼ 가: 잠깐 쉴까요?
　 나: 네, 잠깐 쉽시다.
❽ 가: 저녁에 만날까요?
　 나: 네, 저녁에 만납시다.
❾ 가: 공원에서 산책할까요?
　 나: 네, 공원에서 산책합시다.
❿ 가: 주말에 같이 공부할까요?
　 나: 네, 주말에 같이 공부합시다.

36 명사 (이)랑

준비

의자, 컴퓨터, 책, 책상, 시계가 있습니다.

연습 1

명사	이랑	명사	랑
신문	신문이랑	잡지	잡지랑
설악산	설악산이랑	경주	경주랑
남동생	남동생이랑	친구	친구랑

연습 2

1. ❷
2. ❶
3. ❷

연습 3

예)
❶ 책이랑 공책이 있어요.
　 책이랑 공책이랑 지우개가 있어요.
　 책이랑 공책이랑 지우개랑 연필이 있어요.
❷ 경주랑 부산에 갈 거예요.
　 경주랑 부산이랑 제주도에 갈 거예요.
　 경주랑 부산이랑 제주도랑 설악산에 갈 거예요.

37 명사 (이)지요?, 동사 지요?

준비

3월 5일

연습 1

명사	이지요?
회사원	회사원이지요?
주말	주말이지요?
미국 사람	미국 사람이지요?
대사관	대사관이지요?
명사	**지요?**
영화배우	영화배우지요?
다음 주	다음 주지요?
친구	친구지요?
회사	회사지요?
동사	**-지요?**
예쁘다	예쁘지요?
깨끗하다	깨끗하지요?

오다	오지요?
배우다	배우지요?

연습 2

❶ 의사지요
❷ 많지요
❸ 가지요

연습 3

❶ 봤지요
❷ 20일이었죠
❸ 맵지요

연습 4

❹

38 동사 겠 (1)

준비

❶ 행복하겠어요
❷ 춥겠어요
❸ 무겁겠어요

연습 1

❶ 비싸겠어요
❷ 아프겠어요
❸ 기분이 좋겠어요
❹ 맛있겠어요
❺ 재미있겠어요

연습 2

❶ 피곤하겠어요.
❷ 재미있겠어요.
❸ 키가 크겠어요.
❹ 한국어를 잘하겠어요.
❺ 힘들었겠어요.

연습 3

덥겠습니다, 오겠습니다, 쌀쌀하겠습니다, 맑겠습니다

39 동사 고 (1)

준비

예)
• 빌리는 미국에서 왔고 경희대학교에서 한국어를 공부해요.
• 빌리는 키가 크고 잘생겼어요.

대할 거예요. 집에서 우리 가족들하고 같이 불고기를 먹을 거예요. 이번 주말은 아주 재미있을 거예요.

연습 1

❶ 제 친구는 예쁘고 똑똑합니다.
❷ 회사 사무실은 넓고 깨끗합니다.
❸ 호세는 노래를 잘하고 춤도 잘 춥니다.
❹ 도서관에서 사람들이 책을 읽고 공부를 합니다.
❺ 리사는 봄을 좋아하고 나타폰은 여름을 좋아합니다.

연습 2

예)
• 제 친구의 이름은 왕밍이에요.
• 눈이 크고 얼굴이 예뻐요.
• 머리가 짧고 안경을 꼈어요.

연습 3

예)
• 지하철은 어때요? → 지하철은 싸고 편리해요.
• 옆 친구는 어때요? → 예쁘고 친절해요.
• 서울은 어때요? → 아름답고 재미있어요.
• 경희대는 어때요? → 넓고 예뻐요.

40 동사 (으)ㄹ 거예요 (2)

준비

예) 버리다?

연습 1

1. ❷
2. ❶
3. ❷
4. ❷
5. ❶

연습 2

❶ 일요일에는 사람이 많을 거예요.
❷ 빌리는 지금 잘 거예요.
❸ 남동생도 키가 클 거예요.
❹ 저 사람은 학생일 거예요.

연습 3

❶ 인기가 많을 거예요.
❷ 노래를 잘 부를 거예요.
❸ 농구를 잘할 거예요.
❹ 시험을 잘 볼 거예요.

연습 4

(저는 토요일에 등산을 갈 거예요.) 아침 9시에 지하철역 앞에서 친구들을 만날 거예요. 일요일 저녁에는 친구들을 초

41 으 탈락 동사

준비

1. ❷
2. ❶

연습 1

	-아요/어요	-았어요/었어요	-(으)세요?	-습니다/ㅂ니다
기쁘다	기뻐요	기뻤어요	기쁘세요?	기쁩니다
슬프다	슬퍼요	슬펐어요	슬프세요?	슬픕니다
아프다	아파요	아팠어요	아프세요?	아픕니다
쓰다	써요	썼어요	쓰세요?	씁니다
크다	커요	컸어요	크세요?	큽니다

연습 2

❷ 고파요.
❸ 예뻐요.
❹ 기뻤어요.
❺ 껐어요, 껐어요.

42 동사 지만

준비

❷ - ㉛
❸ - ㉓
❹ - ㉔

연습 1

❶ 평일에는 일하지만 주말에는 쉽니다.
❷ 리사는 사과를 좋아하지만 호세는 싫어합니다.
❸ 어제는 추웠지만 오늘은 따뜻합니다.
❹ 지금 한국은 오전이지만 미국은 오후입니다.

연습 2

❷ 저도 같이 가고 싶지만 약속이 있어요.
❸ 리사에게 전화했지만 통화 중이었어요.
❹ 놀이공원에 갈 거지만 놀이 기구는 안 탈 거예요.

연습 3

예)
❶ 한국어 공부는 어렵지만 재미있어요.
❷ 한국 음식은 맵지만 맛있어요.

❸ 제 고향은 작지만 아름답습니다.
❹ 제 친구는 외국인이지만 한국어를 잘해요.

43 동작동사 고 (2)

준비

예)
❶ 2
❷ 1

연습 1

❶ 손을 씻고 밥을 먹습니다.
❷ 식사를 하고 약을 드세요.
❸ 어제 퇴근을 하고 친구를 만났습니다.
❹ 내년에 졸업하고 취직할 거예요.

연습 2

❷ 전화하고
❸ 끄고
❹ 퇴근하고
❺ 열고

연습 3

샤워를 하고, 회의를 하고, 자료를 정리하고, 영화를 보고

44 동작동사 (으)십시오

준비

어서 오십시오.

연습 1

동작동사	-으십시오	동작동사	-십시오
읽다	읽으십시오	쉬다	쉬십시오
앉다	앉으십시오	타다	타십시오
찾다	찾으십시오	*먹다	드십시오
씻다	씻으십시오	*자다	주무십시오
닫다	닫으십시오	*있다	계십시오

연습 2

❶ 오십시오.
❷ 앉으십시오, 쓰십시오.
❸ 드십시오.
❹ 기다리십시오.

45 동사 아서/어서 (1)

준비

❷ - ㉰
❸ - ㉮

연습 1

동사	-아서	동사	-어서	동사	-해서
좋다	좋아서	있다	있어서	일하다	일해서
작다	작아서	늦다	늦어서	청소하다	청소해서
보다	봐서	기다리다	기다려서	깨끗하다	깨끗해서
가다	가서	*예쁘다	예뻐서	피곤하다	피곤해서

연습 2

❶ 비가 와서 추워요.
❷ 머리가 아파서 약을 먹어요.
❸ K-POP을 좋아해서 한국어를 배워요.
❹ 눈이 와서 길이 미끄러워요.
❺ 청소해서 방이 깨끗해요.
❻ 길이 막혀서 늦었어요.
❼ 고향에서 친구가 와서 공항에 갈 거예요.

연습 3

❷ 시험이 있어서 공부를 열심히 해요.
❸ 친구하고 싸워서 기분이 안 좋아요.
❹ 휴대폰을 잃어버려서 또 샀어요.
❺ 아침에 늦게 일어나서 지각했어요.

연습 4

예)
1. 축구를 할 거예요.
2. 친구에게 돈을 빌렸어요.
3. 다리를 다쳐서
4. 늦어서 미안해요./ 도와줘서 고마워요.

46 명사 에게, 한테

준비

칼리드가 리사에게 꽃을 줘요.

연습 1

1. ❶
2. ❶
3. ❷
4. ❶

❷ 언니에게 이메일을 보냅니다.
❸ 호세에게 이야기를 합니다.
❹ 선배에게 부탁을 합니다.
❻ 교수님께 숙제를 드립니다.
❼ 과장님께 전화를 드립니다.

연습 3

예)
❶ 빌리에게 물을 주고 싶습니다.
❷ 올가에게 돈을 빌려주고 싶습니다.
❸ 크리스에게 선글라스를 선물하고 싶습니다.
❹ 나타폰에게 휴지를 주고 싶습니다.
❺ 선생님께 의자를 드리고 싶습니다.
❻ 정유진에게 치약을 주고 싶습니다.

47 명사 와/과

준비

과

연습 1

명사	과	명사	와
빵	빵과	커피	커피와
공원	공원과	여행사	여행사와
미용실	미용실과	회사	회사와
부모님	부모님과	친구	친구와
삼촌	삼촌과	빌리	빌리와

연습 2

❶ 와
❷ 과
❸ 와
❹ 와
❺ 과
❻ 과

연습 3

❶ 제시카와 칸이 옵니다.
❷ 책과 공책을 삽니다.
❸ 개와 고양이가 있습니다.
❹ 커피와 녹차를 마십니다.
❺ 사과와 배를 먹습니다.
❻ 도서관과 서점에 갑니다.
❼ 눈과 코가 예쁩니다.

❽ 한국어와 태권도를 배웁니다.

연습 4

예)
• 올가와 리사는 머리가 길어요.
• 빌리와 다니엘은 키가 커요.

48 명사 (으)로 (2)

준비

❶ 엘리베이터
❷ 젓가락

연습 1

명사	으로	명사	로
손	손으로	휴지	휴지로
콩	콩으로	나무	나무로
휴대폰	휴대폰으로	지하철	지하철로

연습 2

❶ 비행기로
❷ 숟가락으로
❸ 이메일로
❹ 지하철로
❺ 닭으로

49 동작동사 (으)ㄹ 수 있다, 없다

준비

❶ 빌리가 번지점프를 할 수 있어요.
❷ 빌리가 스킨스쿠버를 할 수 있어요.
❸ 빌리가 고추를 먹을 수 없어요.

연습 1

동작동사	-을 수 있다, 없다	동작동사	-ㄹ 수 있다, 없다
찾다	찾을 수 있어요 찾을 수 없어요	말하다	말할 수 있어요 말할 수 없어요
읽다	읽을 수 있어요 읽을 수 없어요	들어가다	들어갈 수 있어요 들어갈 수 없어요
뽑다	뽑을 수 있어요 뽑을 수 없어요	*만들다	만들 수 있어요 만들 수 없어요

연습 2

1. ❶
2. ❶

3. ❶
4. ❷

❶ 탈 수 없어요.
❷ 걸을 수 없어요.
❸ 아침을 먹을 수 없었어요.
❹ 한국 친구하고 이야기할 수 있어요.
❺ (노래를) 부를 수 있어요.
❻ 지금 이메일을 보낼 수 없어요.

연습 4

예)
❶ 오만 원으로 컴퓨터를 살 수 없습니다.
❷ 휴대폰(스마트폰)으로 이메일을 확인할 수 있습니다.

50 동작동사 아서/어서 (2)

준비

❶ – ㉮
❷ – ㉰
❸ – ㉯

연습 1

❶ 극장에 가서 영화를 볼 거예요.
❷ 도서관에 가서 책을 읽었어요.
❸ 바다에 가서 수영을 했어요.

연습 2

❷ 운동장에 가서 축구를 할 거예요.
❸ 생선을 사서 찌개를 끓여요.
❹ 여행을 가서 사진을 많이 찍을 거예요.
❺ 케이크를 만들어서 친구에게 선물할 거예요.

연습 3

예)
• 아침에 일어나서 밥을 먹습니다.
• 밥을 먹고 옷을 입습니다.
• 학교에 가서 한국어를 공부합니다.

51 명사 이어서/여서

준비

❶ 주말이어서 명동에 사람이 많아요.
❷ 제 취미가 영화 감상이어서 자주 극장에 가요.
❸ 부산은 유명한 도시여서 관광객이 많아요.

연습 1

명사	이어서	명사	여서
백화점	백화점이어서	제주도	제주도여서
평일	평일이어서	휴가	휴가여서
여름	여름이어서	취미	취미여서

연습 2

❷ 도시여서
❸ 새 구두여서
❹ 명절이어서
❺ 점심시간이어서

연습 3

❷ 내일은 월요일이어서 문을 열지 않아요.
❸ 지금은 퇴근 시간이어서 길이 많이 막혀요.
❹ 제주도는 유명한 관광지여서 외국인이 많이 와요.

52 동작동사 고 (3)

준비

❶ 빌리가 버스를 타고 가요.
❷ 다니엘이 옷을 입고 나가요.

연습 1

❶ 씻어서
❷ 먹고
❸ 벗고
❹ 가서
❺ 입고
❻ 타고
❼ 일어나서
❽ 사서
❾ 하고
❿ 내려서

연습 2

찍고, 주문해서, 타고

53 명사 에서 명사 까지

준비

예)
❶ 서울에서 부산까지 기차로 3시간 걸려요.

❷ 한국에서 일본까지 비행기로 2시간 걸려요.

연습 1

❶ 지하철역
❷ 학교
❸ 학교
❹ 수영장

연습 2

❶ 서울에서 남이섬까지 기차로 1시간 걸립니다.
❷ 서울에서 부산까지 기차로 2시간 50분 걸립니다.
❸ 부산에서 경주까지 고속버스로 1시간 30분 걸립니다.
❹ 목포에서 제주도까지 배로 9시간 걸립니다.

연습 3

예)
❶ 명동에서 경복궁까지 20분 걸려요.
❷ 한국에서 고향까지 비행기로 2시간 걸려요.
❸ 서울에서 인천까지 지하철로 가요.
❹ 집에서 학교까지 걸어서 왔어요.

연습 4

예)
- 가: 고향이 어디예요?
  나: 미국 뉴욕이에요.
- 가: 서울에서 고향까지 어떻게 가요?
  나: 서울에서 고향까지 비행기로 가요.
- 가: 서울에서 고향까지 얼마나 걸려요?
  나: 서울에서 고향까지 12시간 걸려요.

54 명사 에게(서), 한테(서)

준비

칼리드가 리사에게 꽃을 줍니다.

연습 1

명사	에게서	명사	한테서	명사	께
친구	친구에게서	친구	친구한테서	어머니	어머니께
빌리	빌리에게서	빌리	빌리한테서	선생님	선생님께

연습 2

❶ 친구에게서/ 친구한테서 카드를 받았어요.
❷ 동생에게서/ 동생한테서 편지를 받았어요.
❸ 빌리에게서/ 빌리한테서 영화 표를 받았어요.
❹ 리사에게서/ 리사한테서 옷을 받았어요.
❺ 어머니께 선물을 받았어요.

❻ 아버지께 이메일을 받았어요.
❼ 선생님께 책을 받았어요.
❽ 부모님께 용돈을 받았어요.

연습 3

께, 에게(서)/ 한테(서), 에게(서)/ 한테(서),
에게(서)/ 한테(서)

연습 4

❶ 께
❷ 한테서
❸ 께
❹ 한테서
❺ 께
❻ 한테서
❼ 께

연습 5

예)
❶ 부모님께 장갑을 받았어요.
❷ 빌리에게(서) 케이크를 받고 싶어요.

55 못 동작동사

준비

❶

연습 1

동작동사	못 동작동사	동작동사	명사 못 하다
가다	못 가요	공부하다	공부 못 해요
마시다	못 마셔요	준비하다	준비 못 해요
만들다	못 만들어요	청소하다	청소 못 해요

연습 2

예)
❶ 샤워를 못 해요.
❷ 일을 못 해요.

56 동작동사 지 못하다

준비

예)
- 자전거를 타지 못합니다.
- 축구를 하지 못합니다.

❷ 약속을 지키지 못해서 죄송합니다.
❸ 잠을 자지 못해서 피곤합니다.
❹ 어제 회의 준비를 다 하지 못해서 일찍 출근했습니다.

연습 2

예)
❶ 큰 소리로 이야기하지 못합니다.
❷ 뛰지 못합니다.
❸ 담배를 피우지 못합니다.

57 [명사] 보다

준비

1. ❷
2. ❷
3. ❶

연습 1

❷ 사과가 수박보다
❸ 빌리가 리사보다
❹ 편지보다 이메일을
❺ 불고기보다 비빔밥을

연습 2

예)
❷ 드라마가 뉴스보다 재미있어요.
❸ 불고기가 삼겹살보다 비싸요.
❹ 농구공이 야구공보다 커요.
❺ 노트북이 휴대폰보다 무거워요.

연습 3

예)
• 자동차가 자전거보다 빨라요.
• 엄마가 아이보다 커요.

58 ㅂ 불규칙 동사

준비

1. ❷
2. ❷

연습 1

동사	-아요/어요	-았어요/었어요	-(으)니까	-습니다/ㅂ니다
춥다	추워요	추웠어요	추우니까	춥습니다

무겁다	무거워요	무거웠어요	무거우니까	무겁습니다
가볍다	가벼워요	가벼웠어요	가벼우니까	가볍습니다
쉽다	쉬워요	쉬웠어요	쉬우니까	쉽습니다
어렵다	어려워요	어려웠어요	어려우니까	어렵습니다
가깝다	가까워요	가까웠어요	가까우니까	가깝습니다
귀엽다	귀여워요	귀여웠어요	귀여우니까	귀엽습니다
고맙다	고마워요	고마웠어요	고마우니까	고맙습니다
맵다	매워요	매웠어요	매우니까	맵습니다
곱다	고와요	고왔어요	고우니까	곱습니다
*잡다	잡아요	잡았어요	잡으니까	잡습니다
*뽑다	뽑아요	뽑았어요	뽑으니까	뽑습니다
*좁다	좁아요	좁았어요	좁으니까	좁습니다

연습 2

❶ 가까워요
❷ 매워요
❸ 아름다웠어요

연습 4

❶ 고마워요
❷ 어렵지만
❸ 뜨거우니까
❹ 뽑아서

59 [동작동사] 아/어 주다

준비

예)
• 한국어를 잘못 사용했어요.
• 높임말로 이야기하지 않았어요.

연습 1

동작동사	-아 주다	동작동사	-어 주다
깎다	깎아 주세요	바꾸다	바꿔 주세요
보다	봐 주세요	빌리다	빌려 주세요
오다	와 주세요	기다리다	기다려 주세요
*돕다	도와주세요	*끄다	꺼 주세요

연습 2

1. ❶
2. ❷
3. ❷
4. ❷

❷ 기다려 주세요.
❸ 설명해 주세요.
❹ 빌려 주세요.

연습 4

❶ 4층 좀 눌러 주세요.
❷ 사진 좀 찍어 주세요.

60 동작동사 지 말다

준비

예)
• 담배를 피우지 마세요.
• 쓰레기를 버리지 마세요.

연습 1

❶ 사진을 찍지 마십시오.
❷ 주차하지 마십시오.
❸ 휴대 전화를 사용하지 마십시오.
❹ 쓰레기를 버리지 마십시오.

연습 2

예)
❶ 전화하지 마세요.
  뛰지 마세요.
❷ 떠들지 마세요.
  사진을 찍지 마세요.

61 동사 (으)니까 (1)

준비

❶ – ❹
❷ – ㉮

연습 1

동사	–으니까	동사	–니까
앉다	앉으니까	끝나다	끝나니까
넓다	넓으니까	바쁘다	바쁘니까
맛있다	맛있으니까	배고프다	배고프니까
덥다	더우니까	*불다	부니까

연습 2

❷ 시간이 없으니까 택시를 탈까요?

❸ 바람이 많이 부니까 창문을 닫을까요?
❹ 오늘 날씨가 좋으니까 등산을 갑시다.
❺ 제가 시간이 있으니까 도와 드릴게요.

연습 3

예)
❶ 바쁘니까
❷ 많으니까
❸ 더우니까

62 명사 (이)니까

준비

예)
• 쉬는 시간이니까

연습 1

명사	이니까	명사	니까
기차역	기차역이니까	친구	친구니까
일요일	일요일이니까	휴가	휴가니까
방학	방학이니까	취미	취미니까

연습 2

❷ 국제전화니까
❸ 점심시간이니까
❹ 빌리 생일이니까
❺ 도서관이니까

연습 3

❷ 다음 주가 시험이니까 열심히 공부하세요.
❸ 이번 주부터 휴가이니까 여행을 갑시다.
❹ 지금 회의 중이니까 잠시 후에 전화해 주세요.

듣기 지문 Listening Script

02 명사 은/는 (1)

준비 잘 듣고 알맞은 것을 고르십시오. (13쪽) Track 1

1) 리사: 빌리는 미국 사람입니다.
2) 빌리: 형은 회사원입니다.
3) 리사: 이은지는 도우미입니다.
4) 빌리: 이 사람은 누구입니까?

03 이, 그, 저

준비 잘 듣고 알맞은 것을 고르십시오. (16쪽) Track 2

1) 리사: 이 사람은 누구입니까?
   빌리: 이 사람은 우리 형입니다.
2) 리사: 저 사람은 누구입니까?
   빌리: 저 사람은 올가입니다.

05 명사 이/가

준비 잘 듣고 알맞은 것을 고르십시오. (23쪽) Track 3

1) 리사: 저기가 기숙사입니다.
2) 빌리: 이 사람이 제 누나입니다.
3) 리사: 언니가 갑니다.
4) 빌리: 사무실이 덥습니다.

07 동사 아요/어요

준비 잘 듣고 알맞은 그림을 고르십시오. (28쪽) Track 4

1) 먹어요.
2) 앉아요.

08 명사 이에요/예요

준비 잘 듣고 알맞은 번호(1-2)를 쓰십시오. (32쪽) Track 5

1) 안녕하세요. 빌리 화이트입니다.
2) 안녕하세요. 빌리 화이트예요.

09 명사 을/를

준비 잘 듣고 알맞은 것을 고르십시오. (35쪽) Track 6

1) 책을 읽어요.
2) 우유를 마셔요.
3) 영화를 봐요.
4) 사진을 찍어요.

10 한자어 수 (1)

연습4 잘 듣고 숫자를 쓰십시오. (40쪽) Track 7

〈보기〉 이천십사
1) 이백
2) 사백칠십
3) 칠백이십
4) 천오백
5) 삼천구백
6) 오천사백팔십

연습6 잘 듣고 맞으면 〇, 틀리면 ✕를 하십시오. (40쪽) Track 8

〈보기〉 공이 구육일에 공공팔일
1) 공이 삼이일육에 일육사팔
2) 공칠공 팔오구이에 공일공일
3) 일오팔팔 팔오팔오
4) 공일공 사일삼삼에 이사팔일

11 명사 에 가다

준비 잘 듣고 알맞은 그림을 고르십시오. (41쪽) Track 9

빌리가 집에 갑니다.

12 명사 에 있다

준비 잘 듣고 맞는 그림에 번호(1-2)를 쓰십시오. (43쪽) Track 10

1) 빌리 형은 미국에 있습니다.
2) 빌리는 한국에 있습니다.

13 한자어 수 (2)

연습6 얼마입니까? 대화를 듣고 알맞은 것을 고르십시오. (49쪽) Track 11

〈보기〉 남자: 이 딸기 얼마예요?
　　　 여자: 구천구백 원이에요.
1) 남자: 이 사과 얼마예요?
   여자: 이천구백 원이에요.
2) 남자: 이 포도 얼마예요?
   여자: 육천팔백 원이에요.
3) 남자: 이 바나나 얼마예요?
   여자: 삼천삼백 원이에요.

15 [동작동사] 고 싶어 하다

[연습 4] 잘 듣고 질문에 답하십시오. (53쪽) Track 12

빌 리: 리사 씨, 이번 방학에 뭐 하고 싶어요?
리 사: 저는 아르바이트를 하고 싶어요. 빌리 씨는요?
빌 리: 저는 여행을 하고 싶어요. 다니엘 씨는요?
다니엘: 저는 태권도를 계속 배우고 싶어요.

18 고유어 수 (1)

[연습 4] 잘 듣고 알맞은 숫자를 쓰십시오. (60쪽) Track 13

〈보기〉 스물하나
1) 열둘
2) 열아홉
3) 스물셋
4) 스물여덟
5) 서른여섯
6) 마흔다섯

19 [동작동사] 으세요

[연습 4] 잘 듣고 알맞은 그림을 찾아 번호를 쓰십시오. (63쪽)

Track 14

1) 어서 오세요.
2) 아버지, 안녕히 주무세요.
3) 집에서 푹 쉬세요.
4) 맛있게 드세요.

21 고유어 수 (2)

[연습 5] 잘 듣고 맞는 그림을 찾으십시오. (69쪽) Track 15

1) 책상 위에 볼펜 두 개하고 지우개 한 개가 있습니다.
   그리고 책 한 권이 있습니다.
2) 마트에서 사과 세 개, 콜라 세 병을 삽니다.
3) 옷장에 양복 두 벌, 티셔츠 다섯 장이 있습니다.

[연습 7] 잘 듣고 몇 시인지 쓰십시오. (70쪽) Track 16

〈보기〉 여섯 시 삼십 분
1) 한 시 이십오 분
2) 다섯 시 사십오 분
3) 열두 시 삼십칠 분
4) 세 시 반
5) 열 시 십 분 전
6) 일곱 시 오 분 전

22 [명사] 으로 (1)

[연습 4] 잘 듣고 알맞은 것을 찾아 번호를 쓰십시오. (73쪽)
Track 17

1) 왼쪽으로 가세요.
2) 앞으로 가세요.
3) 오른쪽으로 가세요.
4) 왼쪽으로 올라가세요.

27 안 [동사]

[연습 2] 잘 듣고 맞는 그림에 표시를 하십시오. (86쪽) Track 18

〈보기〉 리사: 영어를 안 배워요. 한국어를 배워요.
1) 빌리: 녹차를 안 마셔요. 커피를 마셔요.
2) 리사: 서점에 안 가요. 도서관에 가요.
3) 빌리: 잡지를 안 읽어요. 신문을 읽어요.
4) 리사: 빨래를 안 해요. 청소해요.

33 [명사] 만

[연습 2] 잘 듣고 맞는 것에 표시를 하십시오. (105쪽) Track 19

1) 리사: 영어도 배우세요?
   빌리: 아니요. 한국어만 배워요.
2) 빌리: 사과도 샀어요?
   리사: 아니요. 포도만 샀어요.
3) 제시카: 다른 사람들도 있어요?
   칸   : 아니요 저만 있어요.

36 [명사] 이랑

[연습 2] 잘 듣고 들은 것에 표시를 하십시오. (111쪽) Track 20

1. 빌리: 주말에 뭐 했어요?
   리사: 친구랑 영화를 봤어요.
2. 호세: 내일 뭐 할 거예요?
   왕밍: 빌리랑 같이 도서관에서 숙제를 할 거예요.
3. 칸   : 부모님이랑 같이 여행을 갔어요?
   제시카: 아니요. 혼자 갔어요.

37 명사 이지요?, 동사 지요?

준비 다음을 잘 듣고 맞는 것을 고르십시오. (112쪽) Track 21

리사: 빌리 씨 생일이 3월 5일이지요?
빌리: 네, 맞아요.

연습 4 잘 듣고 맞는 것을 고르십시오. (114쪽) Track 22

빌리: 리사 씨, 오늘 약속 장소가 서울극장 앞 맞지요?
리사: 아니요, 서울극장이 아니에요. 서울극장 앞 커피숍이
에요. 참, 나타폰 씨도 오늘 오지요?
빌리: 네, 어제 제가 전화했어요.

38 동사 겠 (1)

연습 3 일기예보입니다. 잘 듣고 '-겠습니다'를 사용해 완성하
십시오. (117쪽) Track 23

리사: 이번 주 날씨입니다. 내일 낮에는 조금 덥겠습니다.
그러나 밤부터 새벽까지 비가 오겠습니다. 그래서
모레 아침에는 조금 쌀쌀하겠습니다. 수요일부터
주말까지 계속 맑겠습니다. 날씨였습니다.

40 동사 (으)ㄹ 거예요 (2)

연습 1 잘 듣고 맞는 것에 표시를 하십시오. (122쪽) Track 24

〈보기〉 리사: 비쌀 거예요.
1) 빌리: 맛있을 거예요.
2) 리사: 뜨거울 거예요.
3) 빌리: 비가 올 거예요.
4) 리사: 빌리가 운동할 거예요.
5) 빌리: 학생일 거예요.

41 으 탈락 동사

준비 잘 듣고 맞는 것에 표시를 하십시오. (124쪽) Track 25

1) 오늘은 일이 많아요. 그래서 바빠요.
2) 고향 친구에게 이메일을 썼어요.

46 명사 에게, 한테

연습 1 잘 듣고 맞는 것에 표시를 하십시오. (139쪽) Track 26

〈보기〉 빌리가 리사한테 책을 줘요.
1) 직원이 리사에게 커피를 줘요.
2) 칸이 제시카한테 질문을 해요.
3) 지훈이 아버지께 신문을 드려요.
4) 유진이 할머니께 안경을 드려요.

47 명사 와/과

준비 다음을 듣고 빈칸에 알맞은 말을 쓰십시오. (141쪽)
Track 27

내일과 모레 눈이 옵니다.

49 동작동사 을 수 있다, 없다

연습 2 잘 듣고 할 수 있는 것에 표시를 하십시오. (147쪽)
Track 28

1) 일본어는 할 수 없지만 한국어는 할 수 있어요.
2) 떡볶이는 먹을 수 있지만 김치는 먹을 수 없어요.
3) 수영은 할 수 있지만 스키는 탈 수 없어요.
4) 오늘은 날씨가 좋으니까 축구를 할 수 있어요.

55 못 동작동사

준비 다음 대화를 듣고 알맞은 그림을 고르십시오. (163쪽)
Track 29

빌　리: 나타폰 씨 점심 먹었어요?
나타폰: 아니요.

58 ㅂ 불규칙 동사

준비 잘 듣고 맞는 것에 표시를 하십시오. (169쪽) Track30

1) 만나서 반가워요.
2) 날씨가 더워요.

59 동작동사 아/어 주다

연습 2 다음 대화를 잘 듣고 바로 이어질 행동으로 알맞은
것을 고르십시오. (174쪽) Track 31

〈보기〉 여자: 이름을 써 주세요.
1) 이 책 좀 찾아 주세요.
2) 머리를 짧게 깎아 주세요.
3) 맛있는 식당 좀 소개해 주세요.
4) 창문 좀 닫아 주세요.

집필

이정희　경희대학교 국제교육원 부원장
　　　　문학 박사, 경희대학교 국제교육원 교수

김중섭　경희대학교 국어국문학과 교수
　　　　문학 박사

조현용　경희대학교 국제교육원 원장
　　　　문학 박사, 경희대학교 국제교육원 교수

Danielle O. Pyun　오하이오 주립대학교 동아시아어문학과 부교수
　　　　　　　　　오하이오 주립대학교 외국어교육학 박사

김성용　경희대학교 국제교육원 한국어교육부 강사
　　　　경희대학교 국어국문학과 국어학 박사 수료

박선희　경희대학교 국제교육원 한국어교육부 강사
　　　　경희대학교 국어국문학과 한국어학 박사 수료

조효정　경희대학교 국제교육원 한국어교육부 주임 강사
　　　　경희대학교 교육대학원 외국어로서의 한국어교육 석사

이안나　경희대학교 국제교육원 한국어교육부 강사
　　　　경희대학교 교육대학원 외국어로서의 한국어교육 석사

Get It Korean Grammar

초판 1쇄 발행　2019년 6월 1일
　3쇄 발행　2025년 2월 17일

지은이　이정희, 김중섭, 조현용, Danielle O. Pyun, 김성용, 박선희, 조효정, 이안나
펴낸이　박영호
기획팀　송인성, 김선명
편집팀　박우진, 김영주, 김정아, 최미라, 전혜련, 박미나
관리팀　임선희, 정철호, 김성언, 권주련
펴낸곳　(주)도서출판 하우

주소　서울시 중랑구 망우로68길 48
전화　(02)922-7090
팩스　(02)922-7092
홈페이지　http://www.hawoo.co.kr
e-mail　hawoo@hawoo.co.kr
등록번호　제2016-000017호

값 13,000원 (MP3 포함)
ISBN 979-11-88568-87-1 14710
ISBN 979-11-88568-82-6 (set)

＊ 이 책의 저자와 (주)도서출판 하우는 모든 자료의 출처 및 저작권을 확인하고 정상적인 절차를 밟아 사용하였습니다.
　일부 누락된 부분이 있을 경우에는 이후 확인 과정을 거쳐 반영하겠습니다.

＊ 이 책은 저작권법에 따라 보호받는 저작물이므로 무단전재와 무단복제를 금지하며,
　이 책 내용의 전부 또는 일부를 이용하려면 반드시 저작권자와 (주)도서출판 하우의 서면 동의를 받아야 합니다.

🎧 **MP3 다운로드** www.hawoo.co.kr 접속 후 '자료실'에서 다운로드